Max Dauthendey

Weltspuk

Gedichte

ℭlassic Pages

Dauthendey, Max

Weltspuk
Gedichte

Reihe: *classic pages*

ISBN: 978-3-86741-282-7

Auflage: 1
Erscheinungsjahr: 2010
Erscheinungsort: Bremen, Deutschland

© Europäischer Hochschulverlag GmbH & Co KG, Fahrenheitstr. 1, 28359 Bremen (www.eh-verlag.de). Alle Rechte beim Verlag und bei den jeweiligen Lizenzgebern.

Cover: Foto © KISCart Kim Schröder/Pixelio

Weltspuk

Gedichte von Max Dauthendey

Inhaltsverzeichnis

Sommerelegie	9
Die Jahre	10
Rote Rosen	12
Und einmal steht das Herz am Wege still	13
Der Welt Gesicht sind aller Welt Gesichter	14
Sieben Gespenster und die Zeit	15
Oben am Berg	17
Tragödie des Sonnenuntergangs	18
Auf grünem Rasen	20
Morgenröte	21
Deine Hände	22
Wie Tote liegen aufgebahrt im Tag die Tage	23
Kommst wie stolze Mittagswärme	24
Zwei lila Primeln	25
Die Mondscheinrune	26
Feuerzeichen im Abend	30
Spuren des Mondes	31
Mondschein liegt tief in das Haus herein	32
Der Mond im Nussbaum	33
Atemloser August	34
Tal und Berge sehen hell	35
Herbstmond	36
Fern her übt noch eine Flöte	37
Grille, sing	38
Jetzt ist es Herbst	39
Wir gehen wie zur Frühlingsstunde	40
Du leuchtest mehr als die Zwölfuhrsonne	41

Herbstnachmittag	42
Heute in der Nacht	43
Im Weinberg	44
Die gelb und roten Dahlien spiegeln sich	45
Ein paar Raben schieben zur Stadt herein	46
Und über den Steinen stolzieren die Raben	47
Herbstraben	48
Es kamen die Nachtfröste, die Bäume zu morden	49
Große Stille	50
Septemberabend	51
Ich spüre dich im Dunkel nah	52
Jetzt find die gelben Blätter gejagt	54
Der Wald fällt ein	55
Die Bäume ersticken	56
Als sähst du in ein Buch hinein	57
Unsere Toten	58
Die Wolken standen wie Versteinerungen	59
Die Toten tranken die Welt mir leer	60
Indes die Sonne verrinnt wie ein vergossener Tropfen	61
Im Mondschloss	62
Im nebelnden Abend	63
Die Nebelkuh	64
Muss bald wirklich, bald unwirklich sein	65
Du lässt mein Herz nicht schläfrig werden	66
Geliebte	67
Ging dir nach im Wind	68
Liebste	69

Die Tage lassen keine Spur	70
Zinkfarbene Nebel über der Stadt	71
Das Nebelschwein	72
Herbstsonne ist kalt gestiegen	73
Herbstwind	74
Erster November	75
Es war einmal ein Tag, wo der Boden nicht brannte	76
Ein Herz, das in Liebe zu deinem Herzen hält	77
Die Worte	78
Ein Klumpen Eis	80
Weihnachten	81
Mond überm Eis	82
Nachtschnee	83
Vergangenes stand nah in dunklen Lücken,	84
Schneelicht	85
Keine Arbeit jetzt mein Herz mehr tut	86
Die Sterne	87
Der rote Vogel und der Vogel Nacht	89
Wünsche nicht ohne Ende	90
Es kommen die Sterne im Finstern zusammen	91
Alle blauen Fenster lassen Lieder ein	92
Der Morgen ging in roten Bergen auf	93
Drunten am Berg, vor meinen Beinen	94
Der ewige Wanderer, der Wind	95
Die Wasser der Welt	96
Sommernacht	97
Wohltuend ist der graue Tag	98

Dein wandernd Haus	99
Nacht bläst die sieben Farben aus	101
Gartenwelt	102
Vorm Springbrunnenstrahl	104
Flug der Vögel	106
Drei Blitze	108
Es sind nicht die Wunden, die uns müde machen	109
Mondaufgang	110
Die Stunden	111
Schlossherrin	112
Die Schlafende unterm Nussbaum	113
Schatten der Schmetterlinge	114
Stetig rücken alle Sterne	115
Herdrune	116
Geist der Zauberei	117
Daheim	120
Wenn wir lieben	121
Die Liebe	122
Das Leben	123
Vergänglichkeit	124
Weltspuk	125

Sommerelegie

Jeder kommt einmal zu der Erde Rand,
Wo das Land aufhört, Wirklichkeit und Zahl,
Zur Versenkung, drinnen Jahr um Jahr verschwand;
Wo kein Wegmal und auch keine Wahl
Zwischen Nacht und Sonnenstrahl,
Zwischen Berg und Tal.

Sieh, das Sommergrün steht schon grob und groß,
Manche Ranke, derb und kühn, in den Himmel
schoss,
Zuchtlos brüsten sich Unkraut und Gedanke.
Berge Laub sind aufgebaut, Wachstum ohne
Schranke,
Als bringt nichts sie um, die sich aufgerafft vom
Staube;
Strotzend gafft der Baum aus der Blätterhaube.

Gib mir deine Hand, dran die Adern blauen,
Deine Hand,
Die ich nicht am Wege blindlings fand;
Deine Augen,
Die auf Augenblicke wie goldsuchend schauen
Und zum Sand. —
Gleich sind aller Dinge Endgeschicke,
Aller, welche sich zu leben trauen.

Die Jahre

Wie die fortgeworfenen Schalen von Nüssen,
Wertlos und einsam, machen die Zahlen,
Die von allen Jahren den Menschen bleiben müssen,
In alten Blicken, den stillen und kahlen,
Liegen die toten Jahre in Scharen,
Die niemals aus dem Blut dir gefahren,
Die in dir sich begraben wie in einem Spind
Und dort wie mottenzerfressene Gewänder sind.
Sie rascheln Tag und Nacht bei dir allein,
Und nie mehr kann es um dich stille fein.
Du sehnst den Tod und möchtest vom Frieden nur einen Happen.
Der Tod ist wie ein neues Kleid vor deinen alten Jahreslappen.
Schon gehen dir täglich viel Freunde im Tod verklärt um,
Und die lebenden sind nie zu dir so zärtlich stumm.
Da ist kein Stuhl drinnen im ganzen Hause mehr,
Wo du sitzen könntest. Kein Stuhl ist von den Toten leer.
Aber die Lebenden, die jungen, die noch lärmen,
Sehen nichts als Durst und Hunger in den eigenen Därmen.
Sie sind dir toter noch in ihrer Gebärde
Als die Gräber mit ihrer hohen Hügelerde.
Du kannst nicht lachen laut, weil die toten Jahre lächelnd Schweigen.
Weinst auch nicht, weil die toten Jahre keine Rührung zeigen.
Deine Hände reichst du nicht gern, sie sind fleischlos und milde,

Und nur deine Augen folgen überall, wie die Augen von einem Bilde.
Während die ändern um Lampen sitzen in der Sommernacht,
Hat dir keine Lampe Licht in Die Kammern deiner Jahre gebracht;
Und wie unter einem dunklen Baum stehst du verschwunden,
Und kein neuer Wein im Glas kann dir wie die alten Weinjahre munden.
Das Haus, das dich überlebt, sieht hoch zur geräumigen Nacht,
Doch Du findest es fremd, seit du weißt, dass es nur für Lebende gemacht.
Seit die Jahre und die Toten dich fortziehen von Giebel und Tor,
Kommt dir das Haus wie ein Wirtshaus lärmend und kaltblütig vor.
Und nur die Jahre, die dich zu den Toten langsam führen,
Musst du zuletzt noch als die besten Freunde spüren.

Rote Rosen

Du hast deine Hand noch nicht auf die Türklinke gelegt,
Als dir durchs Türbrett der Rosen Brand schon entgegenschlägt.
Die Rosen sind deinem Herzen näher als manches Wort,
Sie geben ihr Glück in die Luft und halten doch vornehm das Prahlen zurück.
Der Rose Seele will sich sanft zu dir setzen,
Deine Augen haben und deinem Blut von Seligkeit schwätzen.
Wer sie vor seinen Türen in kleinen menschengroßen Bäumen pflegt,
Dem hat sich das Glück quer über die Schwelle gelegt;
Denn die roten Rosen, die können für dich küren,
Sie locken dir die Liebste durch verschlossene Türen.

Und einmal steht das Herz am Wege still

Häuser und Mauern, welche die Menschen
überdauern,
Bäume und Hecken, die sich über viele Menschenalter
strecken,
Dunkel und Sternenheer, in unendlich geduldiger
Wiederkehr,
Kamen mir auf den Hügelwegen in der Sommernacht
entgegen.
Nach der Farbe von meinen Haaren, bin ich noch der
wie vor Jahren,
Nach meiner Sprache Klang und an meinem Gang
kennen mich die Gelände und im Hohlweg sie
Felsenwände.
Viele Wünsche sind vergangen, Die wie Sterne
unerreichbar hangen,
Und einmal steht das Herz am Wege still,
Weil es endlich nichts mehr wünschen will.

Der Welt Gesicht sind aller Welt Gesichter

Die Welt hat kein Gesicht von greifbarer Gestalt.
Vor einem Kind malt sie sich stolz und wie ein Held,
Vor einem Greise ohne Durst, wie tausendjährig Holz
so alt,
Den Dummen quält die Welt stets kopfgestellt.
Dem Kühlen und dem Stummen ist sie kalt versteint,
Die Schwachen fühlen sich als Tränensack, der greint.
Dem Trotzigen ist sie voll Mühlen, gegen die er ficht,
Dem Gütigen stets wohlgemeint voll Schwergewicht,
Dem Richter ist sie ewiges Weltgericht.
Ein unwirklich und tief Gedicht ist sie dem Dichter,
Verliebten lieblos oder voller Liebe;
Der Welt Gesicht sind aller Welt Gesichter.

Sieben Gespenster und die Zeit

Es gehen die Uhren ihren Weg ohne Spuren.
Da hocken sie oben in ihren Türmen bei Sonne und Stürmen
Und kauen immer die Stundenbrocken,
Und haben immer bis Mitternacht
Und nicht weiter den Weg gemacht.
Sie haben die Zeit dort oben
Um keine Spanne verschoben,
Sie wollen nur täglich die Stunde erreichen,
Wo über die Wege die Eulen streichen.

Seit hundert Jahren geht auf Rädern ein Karren
Auf der Landstraße abends, einförmig mit Knarren.
Den Einsamen triffst Du in allen Ländern,
Nie wird er den knarrenden Gang verändern.
Der Karren ist niemands Gut noch Habe,
Er fährt am Abend die Zeit zu Grabe.
Auch hallt tagtäglich im Wald ein Beil,
Du hörst es, und wirst Du auch hundert alt,
Beilschlag um Beilschlag kurz aufschallt,
Doch stehen die Wälder stets grad und heil.
Das Beil aber gellt, als ob es Schicksale fällt, —
Tief im Wald hat die Zeit ihr Schafott aufgestellt.

In den Gassen um Mitternacht stöhnt oft ein Hund.
Der öffnet wie's Grab feinen jammernden Schlund.
Und fallen beim sinkenden Mond Eulen herab in die Straß',
Hörst du ihn heulen, ihn, der die Schmerzen der Zeit in sich fraß.

Auch ist in den Mauern um Mitternacht
Ein helles Fenster, das immer wacht,
Das geheime Zeichen ins Dunkel macht.

Und selbst die Zeit muss davor entweichen,
Wo mit langem Docht eine Kerze weht,
Bei Gedanken, die nie zu End gedacht.

Und ist ein dunkles Fenster daneben,
Wo die Nacht auch am Tag nie mehr vergeht;
Wo die Scheiben verfinstert als Abgrund leben,
Und wo jede Stunde als Blinde steht

Und du findest auf jüngstem Haupt, in jedem Jahr,
Ein einzelnes totes, schneeweißes Haar;
Stets geht ein Gedanke voraus der Zeit,
Stets an einem Haar hält dich die Ewigkeit.

Und alle, das helle und dunkle Fenster,
Die Uhren, der Karren, Beil, Hund und Haar,
Sie verfolgen den Menschen als sieben Gespenster
Und leben wie Jahreszeiten im Jahr.

Oben am Berg

Kein Baum glänzte im Abend mehr, alle Blätter löschten aus,
Ein paar Stimmen im Feld gingen nebenher, sprachen vom Wetter und zogen nach Haus.
Oben am Berg, auf einem offenen Acker frisch gepflügt,
stand ein Leiterwagen und war schwarz an den gelblichen Himmel gefügt.
Drinnen im Wagen, rot wie ein Rostklumpen, die Sonne als Fracht.
Ein Bauer hat mit der Peitsche laut geschlagen, die Deichsel hat gekracht,
Zwei Gäule haben angezogen und fuhren die Sonne in die Nacht.

Tragödie des Sonnenuntergangs

Wie wenn ein Klöppel am Metall tönend zerbricht,
Ist in dem Abendlicht ein schmerzlich großer Schall.
Als ob sich einer mit dem flinken Stahl ersticht,
Hörst du beim stumpfen Sonnensinken von einem Leib den dumpfen Fall.

Hochsommer, der am Wege sitzt, gleich wie ein fruchtbar Weib,
Wird für Sekunden alt, wie zum Erschrecken,
Und unecht, schmal und ohne Silben.
Und kann die Blätter an den Hecken nicht aufrechthalten,
Sie zittern, gilben fahl und strecken herbstlich sich in Falten.

Giftgrün und ein zerrüttet Gelb sprüh'n aus dem Laub.
Die Augen schaudern dir, sein Ohr wird wehrlos taub,
Die Schritte zaudern vor dem nächsten Schritt,
Dein eigner Schatten wuchs empor und füllt die Rasenmatten,
Wie jemand, der vor dir schnell hinter Schloss und Riegel tritt,
Und geht nicht mehr mit deinen Füßen mit
Denn jener Klang, mit dem Die Sonne fällt,
Löst alle Mauern zu Ruinen auf bei seinem Gang,
Wirft Bäume, Menschen, Häuser, Tiere über Hauf
Und wuchert wirr im Plumpen, wie Efeu und wie Ginster mit Gewalt.
Und nur verliebtes zähes Blut im Herz geht nicht im Finster irr
Und macht auch vor dem Klumpen Nacht nicht halt.
Die Stunde stirbt wie in dem Wind die Frucht

Es rollen die Äpfel dir vor die Füße am Weg,
Augustwind bläst mit vollen, warmen Backen,
Die Ähren stehen struppig, gelb und träg,
Und Wolken wandern, wie Berge mit gläsernen Zacken.
Mein Haus liegt dort unter den gläsernen Bergen
Und atmet Menschen ein und atmet Menschen aus.
Tage wie Riesen, Tage gleich den Zwergen
Trafen sich oft um Mitternacht am Haus.
Des Windes Fahne rauscht am Dach vorüber,
Die Sommerstund' enteilt auf blauem Kahne,
Die Gläserberge werden matt und trüber,
Und keine Stunde, ob ich sie auch mahne,
Stillt ganz der Sehnsucht ewige Lebenswunde.
Die Stunde stirbt, wie in dem Wind die Frucht,
Und wenn nicht Liebe sie vertraut umwirbt,
Die Stunde, wie der Apfel an dem Weg, verdirbt.

Auf grünem Rasen

Frühsonne geht im Blauen, wie eine goldne Fee.
Will über die Schultern der Bäume schauen.
Die Schmetterlinge jagen sich über Baum und Klee,
Und Wolken lassen sich tragen
Hin über die blauen Gassen,
Wie Damen in seidenen Wagen.
Du und ich auf grünem Rasen,
Wie am Grund von einem See,
Sitzen verwunschen und weltverlassen,
Und wenn wir uns einsam umfassen,
Wissen wir aller Freude und Weh.

Morgenröte

Geliebte,
Auf kupfernen Wegstreifen
Kam heute der Morgen gezogen.
Du sahst seine Pferde ausgreifen,
Die rot der Sonne vorflogen
Mit scharlachnen Mähnen und Schweifen.

Sie setzten in Brand die Brücke,
Haben Feuer auf Berge geschrieben.
Flusswellen wie Fackeln hintrieben
Und Fenster wurden Goldstücke —
Dass sich deine Wimper entzücke,
Die Äugen dir glänzend blieben,
Und dich noch fortrücke der Tag,
Wie es nur Nacht und Liebe vermag.

Deine Hände

Ich fühle deine Hände im Haus,
Sie gehen wie Blut durch alle Wände
Und teilen ihre Wärme aus.

Sie bereiten mitten im Alltagslärme
Mir täglich einen Hochzeitsschmaus,
Verwandeln Sorgen in Singvögelschwärme.

Wie Sonnenstrahlen auf Erden wandeln
Und zaubern aus Staub einen Blumenstrauß,
So müssen sie immer feurig handeln.

Ich fühle deine geliebten Hände,
Sie geben ihren Puls dem Haus
Und gehen wie Wärme durch meine Wände.

Wie Tote liegen aufgebahrt im Tag die Tage

Wenn mal der Spiegel, der dich täglich zeigt,
Von früh bis Abend in die Leere schweigt,
Und alle Fenster ohne dich ans Licht hintreten,
Und deine Schritte mir im Ohr verwehten,
Und keine Tür den Händedruck von dir mehr spürt,
Der sie behutsam in den Angeln rührt, —
Werd' ich dich suchen dann mit Aug' und Ohr,
Nichts sehen mehr, als nur des Hauses festerstarrtes Tor,
Nichts hören mehr, als deiner Rede längst verschollenen Rest.
Dann wird Dein Traumbild nachts dem nächsten Tag ein Fest,
Dann leb' ich nur wie hohle Muscheln hohl im Raum,
Wie ein verlassenes Vogelnest zerstört im kahlen Baum.
Dann fällt der Zunge schwer das kleinste Wort.
Sie fragt ins Dunkel, glaubend, du stehst dunkel dort,
Und niemals kommt von dir ein Laut auf Ruf und Frage, —
Wie Tote liegen aufgebahrt im Tag die Tage.

Kommst wie stolze Mittagswärme

Unten bei dem Zaun, wo die letzten Äpfel noch am Zwergbaum sitzen,
Seh' ich deinen blonden Kopf zwischen Feld und Garten blitzen.
Steigst den Berg herauf, leuchtest auf wie die Sonnenblume warm und sorglos,
Als sei diese ganze Erde, groß und rund, dein Freudenschloss.
Rufst aufs Gratewohl ins Blaue oben an der Bergwegtreppe,
Hinter dir das Tal mit Klee und Hecken ist wie Deines Kleides Schleppe.
Kommst wie stolze Mittagswärme aus dem Grünen hergestiegen,
Und das Haus, mit allen Fenstern, und mein Herz, durch alle Mauern,
Möchten Dir entgegenfliegen.

Zwei lila Primeln

Zwei lila Primeln steh'n auf der Fensterbank
Und blühen, als haben zwei Menschen verliebt
denselben Gedank.
Vor den Wolken draußen, die hochgeschwungen,
Stehen die Blumenbündel dunkel gedrungen,
Als wachsen zwei Schatten wild aus zwei Töpfen,
Als platzt hier die Sehnsucht aus Blumen wie aus
zwei Köpfen.
Es stehen finster trutzig im Fensterrahmen
Die Zwei, sie zu einem Gedanken kamen.

Die Mondscheinrune

Die Nacht öffnet ihr Tor,
Du kannst in den Himmel gehen,
Wo Wege voll silberner Leuchter stehen;
So weit die Augen sich dehnen
Kannst du dich nach Ewigkeit sehnen, —
Kommt der Spaziergang dir nicht doch
Noch viel zu endlich vor?

Einer läuft über den nächtlichen Fluss
Mit trunkenem Fuß über die dunkelnde Flut;
Auch dieser Weg dünkt ihm gut.
Warum nicht auf dem Kopf in den Häusern wohnen,
Die kopfüber im Wasser am Ufer thronen?
Kopfunten stehen die Häuser im Wasser drunten.

Ich höre Schritte unter den Pflastersteinen.
Ich höre einen mit seinen Sohlen an meinen,
Ich hör' ihn tiefen Atem holen im Sonnenschein
drunten.
Während meine Haare im Nachtwind stehen,
Spüre ich Sonne von unten an meinen Zehen.

Der Mond hat sich aufgemacht,
Einäugig ist die Nacht.
Kommt einer durch die Nacht gerannt,
Niemand hat ihn mir je genannt;
Hält mir eine ganze Vase
Mit Blumenduft an die Nase.

Hat je ein Herz geschlafen am Tag oder bei Nacht?
Hat nicht stets ein Herz im Wachen zugebracht?
Es gibt nur einen Schlaf, der ist sechs Fuß tief
Unter der Erde, wo man hinfährt
Ohne Geste und ohne Gebärde.

Im mondhellen Schein
Wachsen die Berge zum Fenster herein.
Gehst du in Berge hinein, hörst du's schallen;
Dort vergruben Nachtigallen ein Lied jede Nacht,
Und Frösche quaken im Berg. Es ist gleich,
Ob die Liebe quakt oder lacht.

Der Mond, der grinsende Zwerg, tut, was er will.
Die Finsternis macht er zum Bild, malt Mauern
Und Dächer, Gedanken und Sehnsucht
Und lässt nichts dauern, verschiebt alle Schatten,
Die um Dinge kauern, und macht
Wehe Narren, die Häuser anstarren,
Über die dunkel die Bäume trauern.

Keine Fliege ist wach, und Fliegen und Menschen,
Die täglich wimmeln,
Liegen irgendwo wie tot,
Oder wohnen in Narrenhimmeln,
In Himmeln, die von Müdigkeit rot.

Wie ist das Grün weggekommen von jedem Blatt?
Hat's jemand in seine Tasche genommen?
Wer weiß noch, dass der Tag grüne Blätter hat?
Da waren Schwalben und Sperlingsscharen
Am Morgen und Abend mit Nahrungssorgen,
Im falben Mondschein ist Herbst jetzt im Wald,
Wo grün der Sommer noch gestern war,
Sind Bäume wie Köpfe mit finsterem Haar.

Ich geh' auf den krummen Schultern
Der stummen Erde,
Ich sehe meine Gebärde irgendwo,
Sie treibt eine Herde von fremden Gebärden
Vor sich hin, und ist nicht traurig und ist nicht froh.

Die Nacht hat Sorge.
Sie muss sich stets
Vom Tag etwas borgen.
Sie sendet die Seelen der Schwalben und Spatzen
Im Traum hinaus, lässt sie Traummücken fangen,
Und die Nacht lässt sich atzen.

Was haben die Flussfeuer ausgedacht?
Sie haben ein Feuer im Fluss angemacht.
Eine Kerze im Fenster am Berggipfel oben
Hat Feuer ins Wasser unten geschoben.
Jemand an das Wasser anklopft
Mit einer Hand, an der Feuer tropft.
Weil er keinen Eingang fand, wird mir bang;
Seine Fingernägel wachsen,
Wachsen wie die Nägel der Toten in Gräbern lang.
Ach ja, die weißen Toten find die Feinde vom roten Blut,
Weil Neid zum Leben am wehesten tut.

Ich backe aus dem Mond mir gern ein Brot,
Esse Scheibe um Scheibe,
Und trage, wie's Jahr, zwölf Monde im Leibe.
Hunger gibt dir auf alles ein Recht,
Und nur dem wird's schlecht
Und wird's übel genommen,
Der nie will zu seinem Hunger kommen.
Hunger ist nicht zu trauen,
Hunger lässt nicht mit sich handeln,
Hunger kann dich zerkauen und in Erde verwandeln.

So sind die Worte der Schlauen.
Aber die Wolkenlosen,
Die mit bloßen Füßen im Mondschein gehen
Und mit den Ohren an Sterne anstoßen,

Fragen: "Wer hat das Wort Hunger genannt?
Wir haben dies Wörtlein nie gekannt."
Nimm sie beim Wort, der Mond geht heim.
Kaum zog er sich ohne Seil hinauf,
Dauert's kein Weil', biegt er sich ins Geäst hinein,
Liegt er wie ein Ei bei dem Baum,
Wie ein bleierner Hauf.

Tauben und Sonne

Über den Dorfdächern lebt nur der Rauch gekräuselt,
Und ein Windzug in einer herbstlichen Baumkrone säuselt,
Wenn eine Taubenschar mit rauschendem Flug
An die blendende Nachmittagluft aufschlug.
In der Tauben Reich, über die braunen Dachziegel,
Ist die Sonne gefetzt als der Stille Siegel.
Und die Tauben und Sonne geben sich Zeichen,
Schreiben Schatten, die über die Dorfstraße streichen.
Weil alle Dinge sich verstehen müssen,
Wie geheime Verliebte, die sich verstohlen grüßen,
Die sich mit ihren Blicken stärken,
Und kein Mensch kann es sehen, noch merken.

Feuerzeichen im Abend

Der Abend schaut über die Fensterkanten
Durch herbstliche Laubberge, die braungebrannten.
Ich sehe Wolken ihre Lichtersprache schreiben
Über den Bergen, die ewig unbeweglich bleiben.
Und Wolken fleischfarbig, wie Menschen nackt,
Hat eine Sehnsucht und eine Scham angepackt,
Die wollen nicht mehr am Fleck kalt stehen,
Müssen wie brennende Scheiter in Hitze aufgehen.
Hin über Den Himmel, groß bewegt,
Der Abend sein Feuerzeichen schlägt.
Er fällt in die Kammern und Fenster hinein,
Überschwemmt wie heller vergossener Wein,
Er reißt alle Menschen wie Wolken mit.
Nur verliebtes Blut hält mit ihm Schritt,
Und die Arme langen heimlich hinaus,
Und Brände brennen die Augen aus.

Spuren des Mondes

Wir gehen den Spuren des Mondes nach,
Unsere Schatten zeichnen sich nur schwach,
Sind wie dunkle Geister, die uns begleiten,
Die auf den Fersen uns folgen zu allen Zeiten.
Ein Baum steht am Weg mit dunklem Dach,
An dem der Mond sich leicht anlehnt.
Unterm Baum sitzt die Sehnsucht unendlich wach,
Und ihr Schatten sich rings um die Erde dehnt.
Der Mond lässt hinter sich den Wald, der ist blau,
Und das Kleefeld, das blinkt voll Blätter und Tau.
Die Nachtluft, die lautlose Seufzer trinkt,
Hin unterm Mond auf das Kleelager sinkt.
Der Sehnsucht, der ist kein Weg zu rau,
Und ihren Wegen kein Ende winkt.

Mondschein liegt tief in das Haus herein

Mondschein liegt tief in das Haus herein
Wie Milch, die über die Dielen lief.
Vor der offenen Tür sitzt Garten und Hain
Voll Schattenköpfe, die keiner rief.

Und Wolken kleben am Mond totstill,
Sie bleiben über den Wegen stehen;
Kein Weg weiß mehr, wohin er will,
Von keinem ist mehr das Ende zu sehen.

Viel Tausend Mal mit blauen Mienen
Stand so der Mond freudlos und kahl.
Und tausend Mal ist er lächelnd erschienen,
Abwechselnd, wie ihm dein Herz befahl.

Der Mond im Nussbaum

Im Nussbaum blieb der Mond im Astwerk hangen,
Liegt wie ein weißes Tier im Astkäfig gefangen
Und presst sein silbernes Fell an die Käfigstangen.
Der Mond hat dir über Brücke und Fluss hell folgen müssen,
Ging aus der Stadt uns nach bis zum Nussbaum auf lautlosen Füßen.
Schnell, eh' der Mond sich wieder rührt, muss ich dich küssen.

Atemloser August

Sommermonde machen Stroh aus Erde,
Die Kastanienblätter wurden ungeheuer von Gebärde,
Und die kühnen Bäume stehen nicht mehr auf dem Boden,
Drehen sich in Lüften her gleich den grünen Drachen.
Blumen nahen sich mit großen Köpfen, und scharlachen,
Blau und grün und gelb ist das Gartenbeet, hell zum Greifen,
Als ob grell mit Pfauenschweifen ein Komet vorüberweht.
Und mein Blut, das atemlos bei den sieben Farbenstreifen stille steht,
Fragt sich: wenn die Blum', Baum und Felder sich verschieben,
Ob zwei Menschen, wenn die Welt vergeht,
Zweie, die sich lieben, nicht von allen Wundern übrig blieben.

Tal und Berge sehen hell

Sonne pinselt in dem Tal
Hell die weißen Häuserflächen;
Malt die roten Giebel grell
Und malt Tinten blau wie Stahl.
Löscht die Lichter wieder schnell,
Schatten eilen gleich den Bächen,
Und die Erd' lebt wie Gesichter.
Berge gehen von der Stell',
Äcker voll Grimassen stehen,
Hügel wollen Worte sprechen,
Alle Ruhe muss vergehen.
Tal und Berge sehen hell,
Sehen jenen großen Geist,
Der die Freud' ist und die Qual,
Liebe, die das All zerreißt,
Sehen sie im Weltgetriebe,
In der Wolken wild Geschiebe
Als die Sonne überm Tal.

Herbstmond

Der kürbisgelbe Mond auf seinem Geistergang
Schwebt überm Bergabhang und lebt
Im Abendlicht schon hell der Nacht voraus.
Er stiegt mit mir am Bahngeleis entlang
Und liegt im Himmel wie ein Schneckenhaus,
Hängt in der gelben Weinberglaube
Wie eine goldene Riesentraube.
Hoch überm Straßenstaube darf er wandern
Und lässt, beschränkte Wege gern den andern.
Er schwebt wie nur ein aufgejagter Weih
Im lila Abendäther überm Staube frei,
Ist wie von einem Ei die goldene Schale.
Draus kriecht die Nacht und schleicht sich tief zum Tale,
Die Nacht, die hinterm Mond herstreicht,
Bei der er oft verliebt errötete und auch verliebt erbleicht.

Fern her übt noch eine Flöte

Wieder ging die Sonne aus,
Ging wie jedes Blutes Röte.
Sterne suchen überm Haus,
Fern her übt noch eine Flöte.
Auskriecht eine Sehnsucht leis,
Die den Weg für Lust und Nöte
Ohne Licht im Dunkel weiß.

Grille, sing

O Grille, sing,
Die Nacht ist lang.
Ich weiß nicht, ob ich leben darf,
Bis an das End' von deinem Sang.

Die Fenster stehen aufgemacht.
Ich weiß nicht, ob ich schauen darf
Bis an das End' von dieser Nacht.

O Grille, sing, sing unbedacht,
Die Luft geht hin,
Und Leid erwacht.
Und Lust im Leid —
Mehr bringt sie nicht, die lange Nacht.

Jetzt ist es Herbst

Jetzt ist es Herbst,
Die Welt ward weit,
Die Berge öffnen ihre Arme
Und reichen dir Unendlichkeit.

Kein Wunsch, kein Wuchs ist mehr im Laub,
Die Bäume sehen in den Staub,
Sie lauschen auf den Schritt der Zeit,
Jetzt ist es Herbst, das Herz ward weit.

Das Herz, das viel gewandert ist,
Das sich verjüngt mit Lust und List,
Das Herz muss gleich den Bäumen lauschen
Und Blicke mit dem Staube tauschen.
Es hat geküsst, ahnt seine Frist,
Das Laub fällt hin, das Herz vergisst.

Wir gehen wie zur Frühlingsstunde

Die gelbe Sonnenblumenschar schaut über lange
Zäune,
Und letzter Scharlachmohn beleuchtet rot die
Ackerbräune.
Unter den Bäumen bei der nassen Straß'
Liegen die Zwetschgen blau im grünspangrünen
Gras.
Ein gilbend Stoppelfeld daneben tot im Abend ruht,
Und fern in weiße Nebel kriecht der Sonne Glut.
Wir gehen, wie zur Frühlingsstunde, am
blaugefrornen Kohlfeld hin.
Bewundern die Vergänglichkeit nur mit den Augen
und dem Munde,
Denn unvergänglich ohne Jahreszeit glüht uns im Blut
der Liebessinn.

Du leuchtest mehr als die Zwölfuhrsonne

Zum Zwölfuhrschlag im Herbsttag stand die Sonne blass und schief.
Aber, Geliebte, dein Auge, das über das braune Kartoffelfeld lief,
Fand noch letzte Mohnblumen rote und Kornblumen blau,
Und dein goldgelb Haargelock stand vor ihnen zur Schau,
Wie von den Sommerfeldern der Juliährenschein.
Und dein Sommerhaupt leuchtete mehr als die Zwölfuhrsonne in den Herbsttag hinein.
Du bücktest dich über Mohn und Kornblume tief,
Als ob euch drei ein verliebter Sommergedank' zusammenrief,
Indes der Herbstmittag im fauligen Kartoffelgerank um euch stand voll Nebelgetrief.

Herbstnachmittag

Die Nachmittagsonne muss golden verstauben
Ums Glas einer Schale voll weingelber Trauben,
Voll rotblauer Zwetschgen und Nüssen holzbraunen;
Der Goldstaub spielt drüber mit tanzenden Launen.
Es haschen sich Stäubchen, aufglühend im Licht,
Hinschwebend verliebt und ohne Gewicht.

Die Traube mit zündendem Saft in den Beeren
Blitzt Blicke und Feuer hell aus der Schale.
Und im tiefen Haus, aus entferntestem Saale,
Dringt enthüllt ein Lied von Lust und Begehren;
Ein Lied, das licht durch die Mauern steigt,
Leicht wie ein Stäubchen auffliegt, sich zeigt,
Das wie die Traube die Lippe lockt
Und plötzlich hinter den Mauern stockt.

Heute in der Nacht

Heute in der Nacht hört' ich auf den Gartenwegen allen
Die Kastanien, die aus ihren Bäumen fallen,
Auf den Gartenboden prallen, als ob Schritte weiterspringend hallen.
Heute in der Nacht stand der Mond als Wanderer am Tor,
Kam wie einer hergekrochen, der da draußen auf den Stoppeln fror,
Hat nach kaltem Tod gerochen, und ich fuhr empor.
Heute in dem Morgen dacht' ich wohlgeborgen: geht der Mond in Scherben,
Mögen die Kastanienbäume ihre Früchte müd der Erd' vererben,
Herbst kann nichts bei Tag und Nacht zwischen dir und mir verderben,
So die Lippen meine immer warm um deine Lippen werben.

Im Weinberg

Im Weinberg in braunen verdorrten Lauben
Leuchten die goldgelben Beeren der Trauben,
Und bei den Weinstöcken, die sich farbig malen,
Stehen die Nebel gleich gläsernen Schalen.
Und die Berge klingen in allen Talen,
Als ob dort Geister die Glasbecher schwingen,
Unsichtbare Zecher, die den Durst nie bezwingen
Und die Liebe, den Rausch aller Räusche, besingen,

Die gelb und roten Dahlien spiegeln sich

Die gelb und roten Dahlien spiegeln sich
Im flachen Wasser, das im Parkgrün glänzt;
Die Luft ist wie das Wasser unbewegt.

Die Seele allen Bäumen längst entwich,
Sie stehen nur noch unbewusst bekränzt;
Das Uferbild sich matt zum Spiegel legt.

Schwertlilienkraut fiel um, sein Grün verblich;
Und von metallnen Wolken eng begrenzt
Ein Stückchen Blau sich wie ein Auge regt,

Ein blauer Blick, der sich zum Wasser schlich.
Manch Wolke, wie ein Drache wild beschwänzt,
Mit grauem Leib den blauen Fleck durchfegt.

Und unter Wolken treffen Menschen dich,
Denen die Lieb' den Sommer neu ergänzt,
Dass ihn kein Herbst aus ihrem Auge schlägt,
Denen das Leben dann wie nur ein Tag verstrich.

Ein paar Raben schieben zur Stadt herein

Ein gilbender Weinberg steht vor der Tür,
Ein paar Raben schweben zur Stadt herein;
Wolken und Berge sind draußen allein.
Wie schwarze Lettern ich die Raben spür',
Die Dunkel dem Himmel ein Zeichen geben;
Als wird ein neuer Satz geschrieben
Von Gedanken, die nur das Dunkel lieben,
Vom Herbst, der bei den Bergen gelandet,
Vom stockenden Kahn, der am Ufer versandet,
Ein Satz ohn' Glanz und ohne Wahn,
Den auch keiner zu Ende denken kann;
Und nur der Liebende zieht seinen Regenbogen
Auch um den Satz, der mit den Raben in die Stadt
eingezogen.

Und über den Steinen stolzieren die Raben

In grasgrünen Hainen ist Rauschen und Greinen,
Der Wind geht als Dichter im Feld singend um,
Und nur's Erdland liegt todstill und stumm.
Der Himmel ist rauschend ein hellblauer Fluss,
Dran der Acker als Ufer grabstill liegen muss.
Der Erdrachen will alle Toten begraben,
Das wandernde Lachen, das wandernde Weinen,
Und über den Steinen stolzieren die Raben.

Herbstraben

Herbstraben sammeln sich in den Bäumen,
Als ob schwarze Lappen die Äste säumen.
Herbstraben bellen, die Äcker schallen,
Die Raben schwarz aus den Baumkronen fallen.
Sie jagen wie Furten entlang an den Hügeln
Und tragen die Winternacht auf den Flügeln.
Sie streichen verhebend rund um das Haus,
Sie stoßen knarrende Schreie aus,
Als ächzten im Berg unsichtbare Türen,
Die zu den verlassensten Stuben führen.
Die Raben fliegen und fliegen nicht weiter,
Die Blätter fallen, der Waldweg wird breiter.
Und aus den Hügeln mit nassen Wangen
Kommt Verlassenheit breit an dein Haus gegangen.
Und Wolke bei Wolke ins Fenster dir speit,
Und Rabe um Rabe ins Ohr dir schreit.

Es kamen die Nachtfröste, die Bäume zu morden

Es kamen die Nachtfröste die Bäume zu morden,
Rot stehen die Bäume im Herbsttag drin,
Als sind sie Fleisch und Blut geworden
Und fallen mit blutendem Leibe hin.

Sie alle verwandeln sich an den Wegen,
Und viele erscheinen, die ganz verborgen.
Sie heben die Arme rot aus Gehegen
Und stehen als Sterbende kalkbleich im Morgen.

Auch allen entwich der grübelnde Schatten,
Der Sommerlang um den Stamm rund lag.
Sie leuchten noch einmal hellauf im Ermatten,
Und in ihren Kronen wird's klarer Tag.

Sie tragen jetzt Bilder auf leeren Zweigen,
Die ziehenden Berge, den Fluss und die Fernen.
Landschaften, die blau aus den Bäumen steigen,
Die verschwinden des Nachts und werden zu Sternen.

Die Bäume mit Armen, weiten und hehren,
Sie ragen gleich Weisen mit großer Gebärde;
Sie lehren dich mächtig Unendliches ehren:
Zu lieben und sterben bei deinem Fleck Erde.

Große Stille

Schwindelnde Nebel räuchern das Tal,
Luftwelt bauscht sich grau und kahl.
Weder Laub noch Wiese rauscht —
Große Stille, dumpf und taub.

Wolf um Wolke ihren feuchten Platz vertauscht,
Und dein Ohr den Nebeltropfen lauscht.
Jeder Tropfen spricht: Es war einmal ...
Und die Bäume leuchten gelb und schmal.

Septemberabend

Die Stoppeln glitzern wie von scharfem Sommern
Schweiße,
Und eingedrückt, hin durch die Abendfelder, winden
sich Geleise
Von Rädern, welche längst schon ihren Weg gemacht.
Die Welt liegt kahlgepflückt und will verschwinden;
Ein junges Rebhuhn lacht verzückt, und eine Büchse
kracht;
Ein Hund schlägt an auf fernen Ackerrinden;
Im Westen um der Erde Kugel steigt die Nacht
Schlafsuchend aus des Tales Rinne, wie eine Spinne
mit Bedacht.
Die Menschen stehen still, um einen Stern zu finden,
Ehe sie lichtlos werden gleich den Blinden.

Ich spüre dich im Dunkel nah

Ohne Schatten lässt uns die mondleere Nacht.
Ich spüre dich im dunkel nah und habe acht
Auf deine Augen und Lippen, die mir tags zugelacht.

Beim Haus riecht die Nachtluft nach Traubenmost, jung gegoren,
Als sprang' uns aus den Kellersteinen entgegen, unverfroren,
Der nackte Weingott mit dem Traubenkranz rund um die Ohren.

Der Hofhund schlägt an bei des Hauses beleuchteten Scheiben.
Der Haustüre Licht gibt uns Schatten, die müssen zurücktreiben
Und weite Bogen hinaus in die Nacht beschreiben,
Als können wir Verliebten nur im Dunkel uns nahe bleiben.

Lange Nebel, dahinter die Glocken läuten
Als wollt' im Herbst der Himmel sich häuten,
Schleift jeder Morgen die Nebel nach,
Lange Nebel, dahinter die Glocken läuten;
Die Welt wohnt unter grauem Dach.
Die Nebel sich über die Menschen bücken,
Die Menschen erscheinen nur langsam in Stücken,
Dort ein Arm, dort ein Kopf, dort ein Leib ohne Bein,
Als sielen die Glieder den Schultern zur Last,
Und jedes Glied trennt sich und schwebt allein.
Die Schritte kommen und gehen mit Hast
Doch ist bei den Schritten kein Körper zu sehen,

Nur ein Schatten, dem scheint alle Schwere
genommen;

Und der Schatten zieht platt in die Leere hinein,
Als sei ein Fisch glatt vorübergeschwommen,
Als ob deine Welt keine Menschen mehr hat,
Nur Nebelwische an Menschen statt,
Nur Wasserschichten und glitschige Fische.
Und du sitzt allein unterm Nebelgewichte
Wie der Letzte an einem verlassenen Tische.
Zu Nebel wurden die Schaugerichte,
Du gießt dir statt Wein nur Nebel ins Glas.
Nur ein Gedanke wirst du dem andern sein,
Wenn dich dein eigener Leib vergaß,
Und es stellt dein Herz seine Schritte ein
Und fällt wie der Nebel ins Gras.

Jetzt find die gelben Blätter gejagt

Jetzt sind die gelben Blätter gezählt
Am Ahorn, an Birken und Buchen.
Die Sonne ist hinter Nebel gestellt
Und lässt sich tagelang suchen.

Vielleicht sind auch mal die Tage gezählt,
Die mir zum Küssen gegeben,
Weil Tag um Tag vom Jahr abfällt
Und Jahr um Jahr vom Leben.

Der Wald fällt ein

Den Waldweg decken Holzblätter, die braunen;
Herbstsonne scheint blau in die Nebeldaunen.
Jede Buche brennt gelb wie ein Leuchter zur Schau,
Und sie blitzen am Mittag noch nächtlich voll Tau.
Das Walddach zeigt rote und blaugelbe Ritzen,
Als ob scheckige Vögel im Astwerk sitzen.
Und manchmal, da regt es sich Dunkel am Dach,
Und du siehst einem handgroßen Schatten nach;
Weißt nicht, war's ein Vogel, oder war es ein Blatt,
Das sich in die Nebel verloren hat;
Du fühlst nur inmitten im messingnen Laub,
Fällt Lautloses auf dich wie Steine so taub.
Und die blaue Sonne auf nebelnden Wegen,
Die darf sich kaum mehr an ein Blatt anlegen.
Der Wald wurde schattenlos, hell ein Raum,
Als steckt jetzt statt Laub klares Glaswerk am Baum.
Beim leisesten Blick schon das Glas zerbricht,
Der Wald fällt ein vor deinem Gesicht. —
Mal auch dein Herz wie Glas sich fühlt,
Dein Herz, das sich am Wald einst gekühlt,
Und es wird wie ein Blatt zerbrechlich ermatten,
War ein Singvogel einst und wird ein Schatten.

Die Bäume ersticken

Die Nebel wollen die Bäume ersticken,
Die Nebel, die sich gleich Stricken rollen.
Der Ahorn steht gelb mit sterbenden Blicken
Bei den Nebeln, die ihn würgen sollen.
Die Sonne hängt fern und verschollen,
Wie ein Ahornblatt matt und verquollen.
Und der Nebel drängt wie Gewürm in den Raum,
Er beschleicht wie ein Raubtier Berg und Baum.
Und dein Menschenauge muss sich drein finden,
Dass die Dinge erscheinen und wieder verschwinden,
Dass die Bäume sich plötzlich wie Wolken entrücken.
Wie aus Bilderstücken eilt Mosaik,
Entsteht und zerfällt auch dein Geschick.

Als sähst du in ein Buch hinein

Als sähst du in ein Buch hinein,
Und des blassen Papieres heller Schein
Liegt dir im Gesicht, und bleich wie Stein
Wird deine Stirn von des Buches Licht.
So gehst du im Herbst den Weg, den hellen.
Die Bäume stehen wie wächserne Zellen,
Durchsichtig wie Körbe, lose geflochten,
Vom Licht durchflackert an allen Stellen;
Sie sind gleich Kerzen mit langen Dochten.
Und bleich beschienen von fremden Schmerzen,
Geht jeder unter den Bäumen hin,
Bleich, als trägt er die Last von Eisen und Erzen,
Und liest erblasst des Lebens Sinn.

Unsere Toten

Nebel filtert um die Felderrunden, um die brachen,
Und von Nebeln wird das Fenster grau umwunden.
Die sonst nur in unsern Träumen nachts am Bett erwachen,
Unsere Toten, die des Hauses Ausweg leis gefunden,
Kommen Herbsttags mit den Nebeln in die Türen, in die Stunden.
Unsere Toten, die nur lächeln, nicht mehr lachen,
Wollen jetzt im Grauen abgebrochene Gespräche weiterführen,
Wollen mit den Nebeln Wangen und dein Kinn an rühren.
Ihre Arme sind Gedanken, und du kannst die Toten näher spüren,
Näher jetzt als damals, wo sie noch vom gleichen Glase mit dir tranken
Alle Toten können ohne Ende, liebend die Geschlechter führen,
Und sie gehen aus und ein, wie die Nebel durch geschlossene Türen.

Die Wolken standen wie Versteinerungen

Die Wolken ständen wie Versteinerungen,
Als war der Herbst jetzt auch in sie gedrungen,
Sie hielten sich nicht lebend mehr umschlungen.

Sonst schwämmen sie wie Vögel freigelassen,
Jetzt standen sie erstarrt, gleich stillen Gassen,
In denen Kopf an Kopf ergraute Leute saßen.

Senkrechte Pappeln in die Wolken schauten,
Die sich vor der bewölkten Stille grauten
Und sich mit keinem Blatt zu zittern trauten.

Als ging ein Würger, der die Wolken tötet,
Hat keine in dem Abend sich gerötet;
Der Himmel schien mit grauem Blei gelötet.

Von allen Wolken rührte sich nicht eine.
Sie hingen wie erhängt an langer Leine,
Wie tausend Tote gelb im Abendscheine.

Und keine Schwalbe in die Wolken jagte,
Rein Vogelschatten sich zu rühren wagte,
Als ob ein jeder Flügelschlag verzagte.

Nur steinern alle Wolken droben drohten
Und wurden wie die mächtigen stummen Noten
Von einem großen Liede aller Toten.

Die Menschen aber unterm Liede gingen
Wie Silben, die dir Wort und Sätze bringen
Und atemlos nach Reim und Rhythmus ringen.

Die Toten tranken die Welt mir leer

Es lag der Abendwind auf der Lauer,
Es stieg der Mond auf die Gartenmauer,
Nur ein paar Blätter im Baum waren wach,
Und die gespenstige Fahne hing schaukelnd am Dach.

Der Himmel war starr, ein Schild aus Eisen,
Daran die Sterne wie Nägel gleißen.
Unsichtbar hält einer den Mond am Schopf,
Wie einen blutleeren abgehauenen Kopf.

Der Mondschein kam suchend zu ein paar Tischen,
Wollt' sich in ein paar Gedanken mischen,
Als ob er mit kahlen Augen mich maß,
Und er schaute mit mir in mein volles Glas.

Es haben mir tote Gedanken gewunken.
Ich sah in die Felder, hab' nicht mehr getrunken,
Und mein Kopf wurde wie ein Steinhaus schwer, —
Die Toten tranken die Welt mir leer.

Indes die Sonne verrinnt wie ein vergossener Tropfen

Das Waldtal in Purpur und Ocker prunkt,
Wie eines Malers verwegene Palette;
Bergfernen in Indigo getunkt,
Silberfelder voll Disteln und Klette.
Die Mückenschar spielt, als gab's seinen Tod,
Über braunen Dornen Punkt an Punkt;
Durchsichtig durchtanzt sie das Abendrot.
Du reißt dir über den Dornbusch gebückt
Die korallenrote Hagebutt', die dich entzückt,
Trägst sie an der Brust, lässt dein Herz dran klopfen;
Und dein Blut sich dabei auf die Rose besinnt,
Indes die Sonne verrinnt wie ein vergossener Tropfen,
Als ob sich eine Raupe in Fäden einspinnt.

Im Mondschloss

Die Mondnacht war wie ein goldenes Schloss gemacht,
Schwebend über der Zeit, mit offenen Toren himmelweit,
Mit Silbersaal an Saal gereiht,
Mit betressten Schatten, die waren die Diener und Mohren;
Die hatten an Treppenbergen ihren Platz in Scharen,
Mit weißem Puder in blauschwarzen Haaren.
Du und ich, wir gingen wie die Lieder und Sagen,
Von der Mondmusik durch die Räume getragen.
Und ein Saal stand voll Berge mit Nebeln im Tal.
Drunten lag als Teppich ein Strom wie Stahl,
Eine Insel als Kissen, und Pappeln als Wände;
Es spielten im Wasser vergoldete Hände.
Und zwei Augen ich tief im Mondschein fühlte,
Und eine Brust, die mir gern meine Sehnsucht kühlte.
Ich griff in die Leere, wie durch eine Wand,
Und hielt meiner Liebsten liebkosende Hand.

Im nebelnden Abend

Wir saßen im nebelnden Abend
Auf der Bergbank über der Stadt.
Und unsere Gedanken vergaßen
Den Tag, der noch eben versank.
Sternlos stand der Himmel, wie ohne Dank,
Nur im Tal sich Licht bei Licht einfand.
Dort rückten die Häuser zur Nacht ganz dicht
Und saßen im Nebel, wie ohne Land.
Ein guter Duft von welkem Laub
Hing wie Honigwaben bei uns in der Luft,
Als stand irgendwo hinter dem Nebelrauch
Ein süßer atmender Blumenstrauch;
Als sind bei den Worten, die du gesprochen,
Viele Blumen rings aus der Erde gekrochen
Und haben den Herbst und die Nebel vertrieben,
Warme Worte, die den ewigen Frühling lieben.

Die Nebelkuh

Da draußen zieht weiß die Nebelkuh,
Lautlos führt sie einer auf filzenem Schuh.
Sie brüllt, wenn sie am Fluss hingeht,
Ihre weiße Haut sich gewaltig bläht.

Es wird von Nebelkühen bald eine Herde.
Die treibt über Wiesen, die werden alt,
Und ihr Treiber geht ohne Gruß und Gebärde
Mit weißem Bart und die Faust geballt.

Eines Morgens bleiben die Kühe am Fenster
Und gehen nicht mehr am Haus vorbei;
Und deine Gedanken werden Gespenster,
Und deine Worte sind Nebelgeschrei.

Muss bald wirklich, bald unwirklich sein

Beschwörst du die Blätter der Bäume?
Sie fallen rot vor deinen Fuß.
Gabst du ihnen die Farb' deiner Träume,
Dass es Feuer vom Baum regnen muss?

Der Himmel selbst will sich vernichten,
Und die Wolken, die steigen herab,
Sie wandern gleich Traumgesichten
Auf den Wink, den sein Aug' ihnen gab.

Du baust dichte Berge gelassen,
Die öffnen sich wie eine Hand;
Gehst unsicher nebelnde Straßen,
Und mit dir verschwindet all' Land.

Mit dir will mein Leben verschwinden,
Wird ein Schatten, bald groß und bald klein.
Kann Gestalt vor dir nicht mehr finden,
Muss bald wirklich, bald unwirklich sein.

Du lässt mein Herz nicht schläfrig werden

Im Garten hängen die Weihblätter krebsrot von den Lauben,
Und Nebel, die nicht weiterziehen, machen glauben,
Die Herbstwelt sei ein Wasserkasten, darin gelbe und rote Goldfische tasten.
Du, Geliebte, bist eine der Nixen mit den silberhaarigen Augenbrauen,
Die mit Silberwimpern und Perlmutteraugen zwischen Pflanzenstengeln heraufschauen.
Du lässt mein Herz nicht schläfrig werden und nicht rasten,
Kommt dein Antlitz zwischen roten Fischen zu mir geschwommen.
Nicht die Nebel sind undurchdringlich, die den Herbst durchrauchen,
Undurchdringlich sind deine Blicke, die wie geöffnete Muscheln mit sieben Farben auftauchen.
Dein Blut ist der Strudel, der mich willkürlich dreht,
Der mich fortmäht, dass mein Atem wie Nebel durch Nebel geht.

Geliebte

Aller Oktobertage Schar, des Monats, der einst dein Gebärer war,
Ist golden wie dein seidengoldnes Wunderhaar,
Ist wie dein Auge aller Wirklichkeiten bar.
Dein Blick, der stets durch sieben Schleier schaut,
Der manches Nebelschloss im Blauen baut,
Wie eine Herbstfrucht lässt er leicht das Leben los
Und fällt mir wie die Nuss vom Nussbaum in den Schoß.
Der Herbsttag ist wie deine Haut milchlicht
Und friedlich wie dein flaumig Frauenangesicht,
Das, abgeklärt, ganz ohne Willen ist zu meinem Willen
Und kann wie Wein und Frucht mich Hungerigen stillen.

Ging dir nach im Wind

Ging dir nach im Wind, deine Haare flogen,
Wolken kamen wild, als ob sie die Berge zogen.
Und auf unserem stürmischen Abendgange
Lehnte sich der Wind unter deinem Schleier, Dicht an deine Wange,
Presste deine Kleider um die Knie, wollt' dich halten
Wie ein Freier, dessen Hände sich um deinen Körper falten.
Wie ein Tänzer wirbelt, wollt' er dich entzücken,
Aber du — lachst ihn aus, wendest ihm den Rücken.
Und der Wind läuft nebenher, fährt dir um die Schläfen,
Muss im Dunkel, wie ein Hund, abgewiesen kläffen.

Liebste

Jeden deiner Schritte möchte ich besingen.
Meine Lieder nehmen immer wieder dich in ihre Mitte,
Möchten, wie dein Blut, dich rot durchdringen.

Heilig sind mir die Sekunden und kurzweilig,
Seit ich in dir meine Lust gefunden, meine wache,
Seitdem sind die Stunden nicht mehr eine abgetane Sache.
Unumwunden möchte ich sie dicken Bänden einverleiben,
Mit zwei Händen die Minuten singend niederschreiben,
Möcht' mich noch im Lied an deinem Anblick weiden.
Möchte dich an jedem Glied, vor den Augen beiden,
Wie in einem Liederbache ganz entkleiden.
Möchte, dass dich alle Worte meiner Sprache nennen,
Gleich wie deiner Kleider Faltenrauschen im Gemache;
Lieder, mehr als Ziegel auf dem Dache,
Lieder, wie die Atemzüge, die von mir zu dir hinbrennen. —
Nur in Wollust und im Liede lernen sich Verliebte kennen.

Die Tage lassen keine Spur

O Regen sag, du kommst so hoch daher,
Ist droben auch der Tag spurlos und leer?
Du fällst zum Fluss und schwimmst zum Meer,
Glaubst, Du enteilst dem Leid und suchst Genuss?
O wüssten alle nur, was doch ein jeder wissen muss:
Die Tage lassen keine Spur, so wenig wie der Regen
auf dem Fluss, —
Die Liebe nur.

Zinkfarbene Nebel über der Stadt

Zinkfarbene Nebel über der Stadt,
Und bleiern die Bäume und metallen die Wege;
Der Wolkenhimmel wie Blech so platt,
Wie aus wirrem Draht sind die kahlen Gehege.
Verrostet rollt sich das Blatt, das letzte,
Und Felder malen sich staubig aus Kohle;
Der Fluss rennt durch die Welt, die zerfetzte,
Wie zersetzte Säure aus einer Phiole.
Und durch Die ungeheure Leere
Getraut sich Der Mensch warmblütig zu geh'n,
Mitten hin durch der Urstoffe eiserne Schwere.
Er lacht noch gütig, ist spielend zu sehn
Und übermütig und unbedacht,
Kaum schielend nach der Vergänglichkeit
Und macht die Arme wie Flügel weit.
Und liegt auch Winterrauch dicht und breit,
Er kennt als Verliebter als Jahreszeit
Nur der Frühling den er ewig nennt.

Das Nebelschwein

Das Nebelschwein rennt im Wald und sucht,
Es riecht der Wald nach der Eichel Frucht.
Die starken Eichen steh'n braun und versinkend,
Es hat der Tod den Wald verflucht.

Das Schwein, wild dampfend, rennt waldein,
Die Blätterhaufen zu Nebel zerstampfend.
Herbstsonne geht geisternd am Boden um,
Und das Schwein rennt rund um die Sonne herum.

Das Schwein sich wild in den Nebel wühlt,
Der Wald wird vom Nachtnebel fortgespült.
Das Schwein hat sein Lager aus Nebeln gemacht,
Und über den Wald fällt jetzt ewige Nacht.

Herbstsonne ist kalt gestiegen

Herbstsonne ist kalt gestiegen,
Hat einen blauen Morgen gekräftigt,
Die Straße ist von Menschen beschäftigt,
Häusersteine und Pflaster voll Tag ernst liegen.
Nur der Staub darf flüchtig wie Geister auffliegen
Und darf sich über den Köpfen der Menschen wiegen.
Er, der Meister, von dem alle Gestalt gekommen,
Hat sich im Herbst das Sterben vorgenommen,
Stellt sich greisenhaft und eisig kalt,
Und mit Komödiantengeste den Tod er malt.
Die Berge entfärbt er, stampft die Blum' in den Grund,
Und grau aufliegt er, mit dem Wind im Bund,
Dass alle Gedanken mit ihm nach dem Tode trachten.
Aber nur die ernst Verliebten ihn nicht beachten
Die sind stets bereit zum Leben und Sterben
Und sind der Unsterblichkeit lachende Erben.

Herbstwind

Als wollt' man dem Herbstwind die Liebste
einmauern,
Hör' ich ihn klagen mit halblautem Trauern,
Als hätt' er die Wege hin zu ihr verloren
Und bettle verrannt vor verschlossenen Ohren.
Er kommt nicht näher, er wimmert nur fern;
Irgendwo ist ein Haus leer, dort weint er gern.
Luft und Erde, die zittern bei seinem Wort,
Als ob sie die Tage, die wehen, wittern.
Heut geht der Wind noch auf lautlosen Zehen,
Aber einmal, da reißt ihn die Sehnsucht fort,
Und der Wind steht mit rasenden Herzschlägen dort;
Kann mit tausend Armen, auf tausend Wegen
Wie ein trostloser Gott und Gesetze umfegen.

Erster November

Da draußen ist frühe Nebelnacht,
Die hat den Tag um Stunden bestohlen,
Hat aus den Fenstern Laternen gemacht.
Ich möchte mir den Mond herholen,
Dass ich einen hätt', der ewig lacht,
Denn die Nacht ist wie ein schwarzes Bett.
Dort hat der Tod, wie auf Lagern aus Kohlen,
Gedankenlos als Dieb seine Ruhestätt'.
Weiß nicht, ist die Stadt draußen klein oder groß,
Ob Menschen drin häufen, oder bin ich allein,
Denn ein jeder Tag schwarz wie der Fluss fortfloss,
Und beklagt gingen viele zur Nacht hinein.
Auch Vater und Mutter haben gefragt,
Und niemandem wurde der Weg gesagt.
Auch Vater und Mutter wurden zu Stein,
Ein Stein, der sich über dem Grabe schloss.
Drauf lese ich heut' ihre Namen bloß,
Nur noch die Namen sind beide mein.
Woher sie kamen, wohin sie gingen, —
Ich kann die Nacht nicht zum Reden zwingen.

Es war einmal ein Tag, wo der Boden nicht brannte

Es war einmal ein Tag, wo der Boden nicht brannte,
Wo ich dich sorglose als Sorgloser grüßte,
Wo ich dich Namenlose zum letzten Mal nannte,
Und dieser Tag geht jetzt niemals zur Rüste.

Ich ahnte nicht, welcher Fluch mir da drohte,
Nicht, als ich bewillkommte deine glitzernden Haare,
Dass unter meinen Fingern eine unbeweinte Tote,
Eine eben Gestorbene, und mein Herz eine Bahre.

Wie der Hochsommertag, aufgegangen in Bläue,
Lebte ich unendlich bis ans Ende der Erde.
Sprach das Wort „Liebe" aus und das Wort "Treue",
Wie Namen von Hausgerät am ererbten Herde.

Wusste nicht, dass da Tage ohne Gnade hinleben,
Wusste nicht, dass da Tage jeden Tag überragen,
Und jener, der will keinen Abend nie geben,
Ich muss ihn noch schlaflos durch die Nacht hintragen.

Seit jenem ist um mich ein Herbsten für immer,
Und von allen Tagen erkenn' ich das Ende,
Auf jüngsten Gesichtern den alternden Schimmer
Und die Todesstunde im Druck aller Hände.

O, dass ich noch einmal vom Sorglosen wüsste,
Von grimmigen Worten nur ohne Tat!
Niemals geht der endlose Tag zur Rüste,
Dessen Fluch den unsterblichsten Körper hat. —

Ein Herz, das in Liebe zu deinem Herzen hält

Ein Stückchen sinkender Mond schaut über den Ackerrand,
Als vergräbt den Mond eine unsichtbare Hand.
Weit ins Land hängt Stern bei Stern in der Luft,
Und sie alle sinken bald wie der Mond in die Ackergruft.
Wo am Tag die Wege, Berge und Brücken winken,
Hocken Laternen im Dunkel, die wie kleine Spiegel blinken,
Sie alle verlöschen und brennen nur ihre Zeit.
Dunkelheit aber steht hinter den Dingen und lässt nichts erkennen
Als ein dunkles Kommen, Vorüberrennen und Dinge benennen.
Und kein Tag, und kein Licht kann frommen;
Nie wird die Dunkelheit der Welt ganz fortgenommen.
Nur ein Herz, das in Liebe zu deinem Herzen hält,
Nimmt von dir die Dunkelheit der ganzen Welt.

Die Worte

Mein Mund, wo gingen deine Worte hin?
Wie Stunden täglich neue Herren dingen,
Wie Vögel stets vor andern Türen singen,
Und wie der Winter mit den Schneegespenstern,
Festfrierend und hinschmelzend an den Fenstern,
Sind alle Worte warm und kalt im Sinn.
Die Worte sind ein Bild, dem Raum gegeben,
Dem Raum, der ohne Dach und ohne Pforte.
Wohl kann ein Wort die Lippen überleben,
Doch bricht auch Tod die Worte wie die Rippen.
Die Worte sind wie Wolken, die nicht rasten.
Dem Windvolk gleich, zu Haus an keinem Orte,
Von Mund zu Mund müssen die Worte hasten,
Von Sinn zu Sinn, von Stund zu Stund,
Und wachsen an wie Kapital im Rasten.
Lassen von jedem Ohr sich anders fassen,
Und passen wie der Schlüsselbart ins Schloss.
Sie können wie die Farb' im Licht verblassen,
Und aufersteh'n kann's Wort, das längst schon starb.
Und manche blühen eine Nacht nur groß,
Wie Tropenblumen sich im Glashaus hüten,
Und sterben in der offnen Luft der Gassen.
Und manche sitzen grau alleingelassen,
Die leben nicht zur Schau und leben ungebeten,
Sie sind sich Last und können dich zertreten.
O Wort, forteilend und ungreifbar Wesen,
Schlaf ich, du wanderst draußen ohne Rast,
Schlägst dich an Stirnen an, als starre Tiefen,
Machst oft als Henker dich ans Herz heran;
Manch Wort sitzt wie der rote Hahn am Dach
Und manches legt dich wie ein Acker brach.

Manch eines kann dir Glut und Wut anschüren,
Und manches Wort hat nicht zum Schlafen Mut.
Mit Worten kannst du Leib an Leib dich Spüren.
Die Menschen sind dir nicht so feind wie Worte,
Kein Blick verfolgt dich so an jedem Orte.
Und wärst du stumm und taub an beiden Ohren,
Du bist als Untertan des Worts geboren.
Mein Mund, wo gingen Deine Worte hin?
Sie wurden Völker, die jetzt mit dir zieh'n.
Wie Bienen einen Bienenkorb bewohnen,
Wie Arbeitsbienen, Königin und Drohnen,
So summen Worte lebenslang uns ein
Und werden wie der Bienensang auch nie
verstummen.
Wen ließen je die Worte mal allein?

Ein Klumpen Eis

Das verschnörkelte eiserne Tor am Park
Steht voll geschmiedeter Rosen schwarz und stark.
Sie sind die einzigen Blüten bei Winterbäumen,
Kahles Astholz starrt zu den Wolkenräumen.
Und unter dem Springbrunn' liegt blendend weiß
Wie ein Marmorblock ein Klumpen Eis.
Im Garten leuchtet herrisch der Brocken,
Dass deine und meine Schritte stocken.
Wir kehren geblendet vorm Eishaupt um,
Es starb uns die Zunge und wurde stumm.
Wir durchschreiten das Tor der eisernen Rosen,
Vom Todesgedanken vors Herz gestoßen.

Weihnachten

Die eisige Straße mit Schienengeleisen,
Die Häusermasse in steinernen Reih'n,
Der Schnee in Haufen, geisterweißen,
Und der Tag, der blasse, mit kurzem Schein.

Der Kirchtüre Flügel sich stumm bewegen,
Die Menschen wie Schatten zur Türspalte geh'n;
Bekreuzen die Brust, kaum dass sie sich regen,
Als grüßen sie jemand, den sie nur sehn.

Ein Kindlein aus Wachs, auf Moos und Watten,
Umgeben von Mutter und Hirten und Stall,
Umgeben vom Kommen und Gehen der Schatten,
Liegt da wie im Mittelpunkte des All.

Und Puppen als Könige, aus goldnen Papieren,
Und Mohren bei Palmen, aus Federn gedreht,
Sie kamen auf kleinen und hölzernen Tieren,
Knien tausend und tausend Jahr im Gebet.

Sie neigen sich vor den brennenden Kerzen;
Als ob im Arm jedem ein Kindlein schlief,
Siehst du sie atmen mit behutsamen Herzen
Und lauschen, ob das Kind sie beim Namen rief.

Mond überm Eis

Der Wintermond, der übers Flussbett scheint,
Hat sich aufs Eis gelegt, wie auf ein Brett,
Wie eine goldne Säge, die dort Sägt.

Der graue Fluss stand Tag und Nacht schon still,
Und längst sein Spiegel unterm Eis verschwand,
Sodass er nichts mehr sieht noch weiß.

Wie unter seiner Liebsten Augenkreis
Erleuchtet sich der rote Fluss zur Nacht;
Als würd' ihm jetzt die Brust zu eng und heiß.

Nachtschnee

Nachtwelt hängt dort in weißen Uferstücken,
Gerade fort zieh'n Brücken übers junge Eis,
Sind offner Wasserstellen dunkle lange Lücken,
Wie viele Ellen Schrift von Schwarz auf Weiß.

Der weiche Schnee, er dämpft den lauten Schuh,
Und stille Geister an der Schneewelt bauen;
Mit feinem Schneegeriesel rieselt ewige Ruh,
Dass sich die Lippen kaum zu reden trauen.

Und Fuß und Worte sinken lautlos tief,
Ein Weg, der weiß erhellt, läuft ohne Ende;
Und keine Dunkelheit ist in den Weg gestellt,
Schneenacht ist linnenlicht und ohne Wände.

Nur als zwei Schatten gingen wir im Schnee,
Wie zweie, die sich nicht zur Ruh hinbringen,
Und hingen noch dem Leben dicht am Schuh,
Auch zwischen blinden abgestorbenen Dingen.

Platt übern Weg sprang eine Katze hin,
Pechschwarz im Schnee, mit aufgeregtem Sprunge;
So schossen uns Gedanken durch den Sinn
Und flogen halb im Satze von der Zunge.

Vergangenes stand nah in dunklen Lücken,

Lief wie die Wasserschrift durchs halbgefrorene Eis,
Zerrissen wie ein Brief in tausend Stücken;
Und Schnee schlief brütend drüber, wie ein Greis.

Nachtschnee, der aus sich selbst wie Phosphor blendet,
Vor dem das Dunkel keine Ruhe hat,
Durch Nachtschnee läuft der Weg, der niemals endet,
Und ist wie Ewigkeit, die keiner noch zertrat.

Schneelicht

Nur der Schnee gibt mir jetzt Licht,
Wenn ich auf den Boden schau,
Scheint er schief mir ins Gesicht.
Tag um Tag auf Schnee ich bau,
Ein Tag nach dem andern sticht.
Tag für Tag geht ins Gericht,
Tage wie die Uhr genau,
Und der Schnee liegt weiß und dicht.
Alle Tage halten Schau,
Jeder blind im Schnee zerbricht.
Reiben Tage enden grau,
Und im Schnee liegt Schicht bei Schicht,
Und gar viele graue Tage enden nicht.

Keine Arbeit jetzt mein Herz mehr tut

Seit du bei mir in den Armen
Dicht mit deinem Mund am Herzen mir gelegen,
Lebe ich von deinem Atem, deinem warmen,
Lasse mich von deinem Blut bewegen.
Keine Arbeit jetzt mein Herz mehr tut,
Das im Weltraum, wie ein großer Vogel ausgespannt,
Ohne Flügelschlag im Fliegen ruht.
Und die Zeit kommt nicht mehr angerannt,
Die zum Niedertreten immer schnell bereit;
Tief und breit in der Unendlichkeit
Darf ich großer Ruhe pflegen.
Bin ein Widerstand der raschen Zeit
Und von deinem Atem voll Unsterblichkeit
Sei dein Mund an meinem Herz gelegen.

Die Sterne

Die Sterne leben heute Nacht,
Als sind sie eben zur Welt gebracht;
Als bieten sich alle dem Leben an,
Wie Kind und Weib und ein jeder Mann.
Sie stehen in silbernen Gehäusen,
Sie wehen wie Blumen in blitzenden Sträußen,
Sie sehen durch kahle Winterhecken,
Als glänzten Goldeier aus Erdverstecken.
Sind wie die Eidechsen mit flinken Schwänzen;
Durchflechten die Bäume gleich gläsernen Kränzen;
Als kämen Reiter, die unsichtbar blieben,
Und nur die Funken der Hufe stieben.
Sie sind die Fußstapfen der Ewigkeit,
Die Millionen Augen am Kopf der Zeit.
Sie leuchteten einst schon deinem Ahn'
Und wachsen mit deinen Kindern heran.
Wohin wollen alle die Sterne nachts wallen,
Und wo ist der Schoß, in den sie fallen?
Wir gingen hinter den Sternen her,
Und nirgends waren Wege von Sternen leer,
Als wollten sie dir ans Haar anstreifen,
Als müsste dein Rocksaum durch Sterne schleifen.
Sie hingen magnetisch um Dach und Wand,
Über Hügel und Tal sich Sternenstaub fand.
Sie bedrängten, wie nur verliebte Gesellen,
Den Leib der Erbe an allen Stellen.
Sie banden sich fest an unsern Schritt
Und gingen in hellen Gesellschaften mit.
Sie lassen uns nirgends heut Nacht allein,
Sie spüren, wie Menschen, durch Türen herein.
Sie wollen, dass wir die Augen schließen
Und uns nur fühlen und nichts mehr wissen,

Damit sie ihre knisternden Wege gehen,
Sie, die wie wir voll Flammen stehen.

Der rote Vogel und der Vogel Nacht

O Geliebte, der Vogel Nacht wird schon flügge,
Er nimmt dich und mich in seine griffigen Klauen,
Er trinkt den Fluss leer und bricht ab die Brücke
Und stößt das Auge aus allen Männern und Frauen.

Und er schlägt uns, es brennen die Kleider am Leibe
Und unsere Arme werden zu Stricken.
Das Finster wird ein Auge dem Mann und dem Weibe,
Und es betrachtet uns mit der Urwelt hinreißenden Blicken.

Noch einen mächtigen Vogel hörst du sich schütteln,
Es kommt purpurn vor deine Blicke gesprungen.
Schlagen auch die Wächter nach ihm mit Fäusten und Knütteln,
Der Rote und die Nacht, die haben Geschlechter verschlungen.

Der Rote und die Nacht, die kommen seit immer;
finden sie Arme und Fester und Türen nicht offen,
Keine Schlösser schließen sie aus, sie erstürmen das Zimmer,
Sie haben gewaltsam den Schaudernden getroffen.

Der Rote und die Nacht sind wie die Adler Majestäten.
Der Rote und die Nacht, die entwerten die Tage;
Wo ihre Fänge stolz vor die Sonne hintreten,
Wird das Dunkel Gebot, alles Licht eine Sage.

O Geliebte, armselig ist Tageshelle
Dem Vogel Nacht und dem Purpurroten;
Jeder Tag wird ein lärmender blöder Geselle
Vor den trunken Verliebten, wie vor den Toten.

Wünsche nicht ohne Ende

Heute scheint alles durcheinander gestellt,
Eine schwarzweiße scheckige Schneewelt.
In dem eisigen Fluss stauen sich die Eisstücke und Eisplatten,
Sie die Trümmer einer grauen Brücke, die ein paar Riesen zertraten.
Auf den Bergen sind wechselnde Schneestrecken
Und dunkle Erdflecken, wie die Herden fliehender Ratten;
Und alle Uferhäuser sind wie Karren, die im Schnee stecken,
Und sind festgefahren und müssen in Ohnmacht die Luft anstarren.
Aber blau in der Ferne taucht ein Schneeberg hervor,
Der ist wie ein stählern geschlossenes Tor.
Und niemand weiß, was dahinter erscheinen kann,
Gehst du hin und klopfst an das gespenstige Tor an.
Vielleicht tritt ein Scharfrichter blutrot heraus
Und hält ein Haupt an den Haaren in die Luft hinaus.
Vielleicht kann eine schöne weiße Jungfrau daraus erscheinen.
Du darfst dir alles wünschen vor dem Schnee, dem blaureinen.
Und vor der schwarz- und weißscheckigen Erde heute,
Wird dein verwirrtes Herz leicht deiner Wünsche Beute,
Darum nimm dich in acht und wünsche nicht ohne Ende,
Denn zuletzt sind die Wünsche wie Schneeballen für die warmen Hände.

Es kommen die Sterne im Finstern zusammen

Steht eine Wolke am Himmel wie ein rotseidener Schuh,
Geht die Sonne zur Ruh überm Häusergewimmel,
Bleibt in der Luft eine Lücke, und unten im Fluss
Wird die Wolke dann grau, wie ein alternder Schimmel,
Und verweht dann in Stücke und zerstreut sich wie Ruß.
Und der Laternenanzünder eilt über die Brücke;
Auf der Stange sein Funken verteilt viele Flammen,
Die Laternen leben wie Mücke bei Mücke.
Und es kommen die Sterne im Finstern zusammen,
Sie benehmen sich gerne bekannt wie Gesichter,
Die mit dir von Vater und Mutter abstammen,
Aber sind dir doch immer ein wildfremd Gelichter.
Weißt du denn selbst von dir mehr als den Schimmer,
Dass du ein Schatten bist am Fenster im Zimmer,
Und dass man dich einst wie die Wolke vergisst?

Alle blauen Fenster lassen Lieder ein

Vorfrühling, in deinem ersten Sonnenschein
Sehen tote Dichter durch die Fenster froh herein.
Alle blauen Fenster lassen Lieder ein,
Sehen nicht auf Wolken und auf Schneegespenster;
Fröhlich, wie die Liebesdichter, leuchten alle Fenster.
Und die Sonne lässt sich in das Zimmer
Gleich wie eine goldne Taube nieder,
Im Gefieder froher Tage Schimmer.
Und eh' noch die Apfelblüte wieder
Vor den Scheiben aufwacht, licht an Röte,
Streckt nach mir die Liebste rosenrot die Glieder,
Dass sie mir zugleich Blut' und Apfel böte.
Reicher noch als aller Dichter Lieder.

Der Morgen ging in roten Bergen auf

Der Morgen ging in roten Bergen auf,
Die Erde fing in tiefer Kohle Feuer.
Es brannte noch des Tales dunkle Sohle
Rot, als ermannte sich das älteste Gemäuer.
Und keiner diese Wege mehr erkannte,
Sie kamen üppig voller Lust daher,
Und jeder Berg sich in die Brust einbrannte.
Der Weltkot war verglimmend nur ein Haufen Werg,
Und du und ich im Morgenfeuer schwimmend.
Die großen Sorgen wurden klein zum Zwerg.
Der Sonne Riesen wuchsen ungeheuer
Und riefen, dass sie nie uns darben ließen,
Und warfen Gold ins Haus, wie Garben in die
Scheuer.

Drunten am Berg, vor meinen Beinen

Drunten am Berg, vor meinen Beinen,
Liegt die kleine Stadt, gewebt aus Steinen;
Keine Stadt einen Anfang noch Ende hat.
Es quillt aus ihr der Drang der Zeit,
Und der überspringt die Endlichkeit.
Ach, den Menschen nicht nur das Leben gilt,
Sind noch über den Tod zur Verantwortung gewillt.
Ich selbst aber will nicht mehr sein als das Gras,
Ich liebe mein Mädchen und zieh meine Straß',
Beneide nicht die Stadt da drunten, die ohne Ende.
Einen Strauß suchen im Ackerfeld meine Hände,
Der freut meiner Liebsten Augen zu Haus
Und löscht am Abend wie die tägliche Sonne aus.

Der ewige Wanderer, der Wind

Der ewige Wanderer, der Wind,
Kam hochgeschossen mit großen Schritten,
Hat die Bäume unbeirrt umhalst,
Die verwirrt geworden sind;
'Sie haben verdrossen
Mit Holzarmen nach ihm gestoßen.
Der Wind hat mit tollen Griffen
Ihre glatten Blätter aneinander geschlissen.
Sie aber wollen beim Juliheu in Ruhe brüten
Und lautlos ihr Stück Erde behüten,
Wollen ihre Blätter stillen,
Wie Ammen den Kindlein zu Willen.
Da fährt der Wind ohne Fried' herein,
Hochfahrig an Gestalt,
Macht keinen Unterschied zwischen Jung und Alt,
Treibt die Baumherden vor sich her
Und duckt ihre Hälse zur Erden,
Und gibt den Festgewachsenen fliehende Gebärden.
Durchfaucht das Einerlei
Und rührt in den grünen Blättern mit Gejohl und Geschrei.
Kennt keinen Besitz, und wenn er anrennt, keine Grenzen.
Stößt die Stille von ihrem Sitz
Und ist ein Drache mit tausend Schwänzen.
Ich lausche gern seinem Gange,
Der ist gewunden wie eine Schlange
Und gleicht dem Klange der Wälder und ihrer Kühle, die er durchjagt,
Als ob er die Sehnsucht und die Gefühle
Von Tausendjährigem sagt.

Die Wasser der Welt

Der Himmel wurde zum wütenden Bach,
Wildwasser stürzt allen Wegen nach.
Der Regenlärm laut die Stunden schilt,
Sturzwasser aus Wolke und Acker quillt.

Doch von unsern Herzschlägen, den raschen,
Kann nie der Regen die Spuren verwaschen,
Und die Stunden, die sich warm zu uns legen,
Können die Wasser der Welt nicht fortbewegen.

Sommernacht

Es zieht uns durch die Sommernacht,
Wo der Mond, wie ein weißer Hirsch, entflieht
Durch grüner Wolken fliegende Matten,
Und sein Silberschatten im Fluss aufsieht.
ES zieht uns durch die gedämpfte Nacht,
Wo der Glühwurm seinen Irrweg macht,
Wo, nach den Gewittern, mit bittern Gasen
Das Heu nass brütet am dunkeln Rasen.
Und wo, gleich den Splittern deiner Gedanken,
Leuchtkäfer, gleich Flittern, im Boben versanken.

Und von der Aue der Nacht angezogen,
Sind wir übers graue Weltende geflogen
Und haben den Sand aus den Augen verloren,
Grund unter den Füßen, das Wort aus den Ohren.
Und blieben doch immer noch rund im Land,
Wo der Stunden Gewitter sich schnell verschieben,
Und wo dein Gesicht, wie der Mond voll Brand,
Und ein einzelner Stern am Gartengitter
Von Nacht zu Nacht mir gern verspricht
Deines Blutes warmes Gewicht.

Wohltuend ist der graue Tag

Wohltuend ist der graue Tag,
Welcher ruhend in die Sommerwochen fällt,
Wenn sich die Wolke, unterm Stundenschlag,
Arm in Arm zur Wolke hält.

Kühle streicht um meinen Hals,
Fühle, wie der Sommer bleicht.
Jeder Acker, mit der Erde braunen Schlacken,
Unterm Regen einem Grabshauf gleicht.

Nach des Kornes üppigem Gewühle,
Starren jetzt die Stoppeln unverlegen,
Und der Garben Wucht fuhr zur Mühle.
Wind und Zeit und Frucht muss sich bewegen.

Dein wandernd Haus

Sieh hinaus, wohin wandert dein Haus?
An den Fenstern zieht der Wolken verflüchtend
Gewimmel,
Als wandert dein Haus vorbei am beweglichen
Himmel;
Als wandert dein Haus querfeldein in die gebräunten
Ährenfelder,
Über die wallenden Linien der Flüsse, über die
ungezähmten Wälder,
Und in dein wandernd Haus sieht der wandelnde
Himmel herein.
Sagst, dein Haus sucht das Ende der Tage, sucht
wolkenberändert
Nach dem Baum, an dem sich kein Blatt mehr
verändert
Und denke dir aus, dein Haus bliebe stehen!
Die Tage würden nicht mehr, wie Goldschaum
Leicht sich ablösend, an seinen Wänden fortgehen;
Dein Haus bliebe, ohne zu Schallen, am Abgrund vom
toten Raum;
Der Sommer ließe sich immer steifgrün durch die
Fenster ansehen;
Kein Blatt würde fallen, kein kühn Ereignis
geschehen,
Kein Hunger dich würgen, keine Träne dich
anflehen; —
Glaub mir, du jagtest die Ruhe aus deinem Haus.
Du Sehntest dich nach dem Herbstgeraus,
Nach Schatten der Zeit, nach der Winterbitterkeit,
Nach dem rüttelnden Streit der Taten und vielem
ändern.

Und von der schüttelnden Sehnsucht, die du verflucht,
Käme dein Haus von Neuem ins Wandern.

Nacht bläst die sieben Farben aus

Nacht bläst die sieben Farben alle aus.
Schwarz liegt der Klee, das Rom, das Gras,
Schwarz liegt der Rosengarten bei dem Haus.
Die Schar der Äpfel, die im Baum rot saß,
Ist wie aus Kohlen nur ein schwarzer Strauß,
Und alle Lust scheint aus der Welt gestohlen.
Nur Schatten sich zu Schatten hält,
Kein Weg will mehr die Ferne holen,
Zu Asche jeder Meilenstein zerfällt.
Zum Himmel kamen her die winzigen Sterne,
Wie Samen neuer Tage, der sich nächtlich sät;
Ein Lichterfeld unendlich angefacht, das keiner je gemäht;
So wie mir Leidenschaft des Blutes aufrecht steht
Für dein Blut, welchem nie, bei Tag und Nacht,
Die rote Farbe grau vergeht.

Gartenwelt

Der offne Mohn erhellt die Gartenwelt verwundert,
Die Morgensonne fällt durch feuerrote Kressenblüten,
Und Schmetterlinge, all die hundert weißen, stummen,
Auf heiße Blumen hingestellt, als ob sie brüten.
Gleich Bienenstöcken alle Bäume brummen,
Sie wachsen ihre krummen Wege in die Luft.
Sie blähen sich, gleich grünen Weiberröcken,
Und stehen doch gedankengroß auf ihren Pflöcken;
Wohnen zur Hälfte lichtlos in der Gruft,
Lebend begraben mit den Wurzelstöcken,
Und sind bewegt, aufwiegelnd anzusehen,
Die blanken Kronen in der Freiheit spiegelnd,
Indes die trägen Wurzeln dunkel gehen
Und sich im Erdschacht bei den Würmern regen.
Die Bäume legen uns, von drunten aus der Nacht,
Den Schatten hin, den schwarzen, schrägen,
Und haben Kühle mit heraufgebracht
Aus ihren unterirdischen Wurzelwegen.
Wie Frohgefühle stehen sie beim Tagesgeiste
Und graben tief nach unentdeckten Quellen,
Und sind erhaben Leidenschaften, himmeldreiste,
Die sich errichten über Erdenzellen,
Hinstellen über dem Gewürm
Der Blätter rauschendes Getürm
Und füllen ihre Brust, enthüllen unbewusst
Sich Dunkelm und dem Hellen.
Sind offene Käfige, drin Vogelherzen dichten,
Und stecken mit den Füßen in der Erde Schmerzen
Und decken mit den Kronen ihrer Erde Trubel,
Indessen Liederjubel sie beschwichten.

Das macht den Garten mehr als einen grünen Tisch,
Dass unterirdisch Baum und Blumen sich erleben,
Und nicht nur wie im Raum, als bunter Wolkenwisch,
Die Gärten farbig vor den Augen schweben,
Dass sie, wie ohne Schranken, versenken und
erheben,
Frisch wie Gedanken und Gefühl,
Und wie der Liebsten kühl und hitziges Gemisch.

Vorm Springbrunnenstrahl

Der Sommer brennt nicht mehr auf meine Haut,
Ich habe viel zu lang in die Ferne geschaut,
Dass mich das nächste Gartenbeet nicht mehr kennt,
Und mich der alte Buchsbaum schon Fremdling nennt.
Wie der Strahl des Springbrunnens sprang ich einmal
Hinein in den luftblauen Sommersaal.
Und fiel zurück und sprang von Neuem auf gut Glück,
Wie ein springender Baum in der Bäume Zahl;
Und sprang doch nur täglich dasselbe Stück,
Wie der Springbrunnenstrahl, immer hoch und zurück.
Ich stehe noch immer am selben Teich,
Ringsum sommert dunkel das Blätterreich.
Viele Sommer streiften ab ihre grünen Häute;
Doch der Springbrunnen tanzt noch für die gaffenden Leute,
Und die gelben Fische schwimmen noch ihren Schatten nach
Und wedeln drunten in ihrem glashellen Gemach.
Mir ist, ich stehe seit meiner ersten Lebensstund'
Hier am durchsichtigen Teich und sehe zum Grund,
Bald zur Höhe ins Kahle, und bald in die flache Wasserschale;
Indessen mein Blut verbraust, gleich dem scharfen Strahle,
Der aus der Erde saust und sich losreißt als ein schäumender Geist,
Und dem doch nie gelingt, dass er vom Platz fortspringt;

Der seinen Satz hinsingt mit neuem Munde, immer wieder heftig und kurz,
Und nichts der Höhe abringt, als jede Sekunde seinen eigenen Sturz.

Flug der Vögel

Die Vögel verkörpern der Seele Traum,
Sie werfen sich frisch hinein in den Raum,
Sie folgten der Lust, unirdisch zu sein,
Und sind doch nur Erde, wie ein geworfener Stein.
Aber sie stürzen der Sehnsucht hinterdrein
Und zeigen der Freude schwunghafte Gebärde
Und sind dabei wie winzige Geigen,
Die singend im Himmel hängen
Über den getupften Wiesen und Engen
Und nur zum Sterben niedersteigen.
Der Flug der Vögel lässt stillstehen.
Wenn Vögel eilen, fließen Flüsse zurück,
Wolken müssen verweilen, keine Zeit kann vergehen.
Der Vögelsehnsucht springt gradaus die kürzeste Brück',
Welche je ein Menschenauge gesehen.
Der Vögel Völklein verschwinden, erscheinen
Und sind überall und nirgends zu finden,
Wie die Wölklein, die sich nicht an die Wirklichkeit binden.
Die Singvögel haben niemals Zeit, wollen nie faul an der Erde liegen.
Haben sie sich müde verstiegen, sitzen sie still
Und lassen übermütige Liebeslieder fliegen.
Und steigen die Singer auf unter Lachen,
Lässt selbst ihr Schatten die Erde los,
Als verschläng' sie das Feuer, der Sonnendrachen.
Jede Lerche körperlos in ihr Lied eindringt;
Gesang geworden, wächst ihr Herzdrang ungeheuer,
Bis sie den Erdkreis der Felderrunde umschlingt.

O Mensch, nur deine Liebesstunde von gleicher
Seligkeit weiß.
Verliebt, bist du wie der Vogel zum Flug bereit,
Mit einem unermesslichen Lied im Munde,
Und der kürzeste Weg durch die Luft scheint dir dann
noch weit.

Drei Blitze

Schweißtücher der Schnitterinnen in tiefen Ährenbetten,
Das laute Raufen der Sensen in fetten Feldern drinnen,
Das Klirren von Deichselketten und kurzes Pferdeschnaufen,
Und bei den blitzenden Stoppeln die toten Garbenhaufen.
Unter der Abendsonne, der hitzenden und braunroten,
Ziehen Gewitter herauf, wie Rauch aus Schmieden und Schloten.
Der Schierling dunstet bitter, und alle Pflanzen sieden,
Der Wolken schleppender Bauch berstet auf allen Rieden.
Drei Blitze, drei Mordgesellen, schnellen wie Wahnsinn hervor,
Als ob dir der Himmel drei Schwüre in dreifacher Leidenschaft schwor.

Es sind nicht die Wunden, die uns müde machen

Es sind nicht die Wunden, die uns müde machen,
Nicht der Jahre Meilen, die du abgefunden,
Nicht Vergangenheit, darinnen unser Lachen,
Feierlichkeit und die Taten hingeschwunden.
Es sind unsre Freuden, die uns in den Händen jäh
erstarrten,
Die nicht ausharrten, gleich den Himmelswänden,
Die wie Bäume, roh entwurzelt, in dem Garten
An dem Boden liegen und verenden
Und die Träume nicht mehr sorglos wiegen.
Bäume lassen plötzlich alle Blätter fliegen,
Stehen nackt wie Galgen an den leeren Gassen.
Nebel balgen sich, wo vorher Vögel singend saßen,
Stümpfe, kreuz und quer, ringend mit den Stürmen,
Bis sie stürzen, gleich gefällten Türmen.

So sind unsere Freuden, die sich tanzend schürzen,
Und wie Henker täglich uns um Köpfe kürzen.

Mondaufgang

Die Nachtstunde wurde vom Mond erlöst.
Der entstieg mit offenem Munde
Dem finstern Tal und der finstern Bergrunde
Und glich einem Staunenden über einem geheimnisvollen Funde.
Sein Haupt stand auf als ein Hörn,
Das ein Loch in die Wand stößt.
Der Himmelbogen war sein Joch,
Unter dem der Mond fortkroch,
Als pflügt ein Stier im Gedorn.
Und weder das Feld voll Augustkorn,
Noch das Haus, noch der Garten,
Nichts war bei dir und bei mir,
Als ob uns alle verließen, um den goldenen Stier zu erwarten.
Es war um uns nur aus Finsternissen ein Strauß,
Und selbst unsern Kleidern gingen die Farben aus,
Als ob alle Dinge an einer blinden Sehnsucht starben
Und wir beide, wie verflucht, im Dunkel saßen,
Aber fühlten uns doch nicht verlassen.
Und der angebrochene Mond, der nicht leuchten kann,
Der ging über uns hin und rührte uns nicht an.
Und jeder spürte nur der Zeit nagenden Zahn
Und in der Dunkelheit ihren Blick, den vielsagenden.

Die Stunden

Es kommen die Stunden und schlagen Wunden
Und reichen den Weinkrug in vollen Runden
Und schleichen ums Haus, tragen Menschen herauf,
Verjagen die Fliegen, müssen Kindlein wiegen,
Fangen sich Grillen, wie die Katze die Maus,
Hüpfen ohn' Willen und stoßen wie Ziegen
Und retten stampfend auf mannshohen Rossen
Und entgleiten lautlos, wie Fische auf Flossen,
Sind, wie Nebel verdampfend,
Ein spiegelndes Luftschloss.
Die Stunden umkrampfend,
Sitzt du ihnen im Schoß.
Doch eine wird über alle groß,
Die eine gibt dir den Todesstoß,
Und alle, die du geliebt, lassen dich los.
Nur deine Liebesstunde dich nicht freigibt,
Und kein Todesstoß sie zur Seite schiebt.

Schlossherrin

Die Maske der Sonne zog über durchlohte Ähren,
Wurde eine blutrote Nelke über dem Walde
Und flog entgegen ihrem abendlichen Tode.
Dämmerung riss den Tag ein über der Halde,
Nur der Mehlgeschmack künftiger Brote blieb
Und lag auf den Ähren, wo Mücke bei Mücke
hintrieb.
In dem grauen Tal war das Korn gebreitet in lautlosen
Meeren,
Deine bloßen Hände leuchteten neben den
Kornspeeren,
Und deine Finger strichen über der Felder stroherne
Wände,
Wie eine Blinde, die hinwandert am lichtlosen
Gelände.
Als befühltest du Linnen und kühltest dich daran
über deinem Spinde,
Ließest die Ähren wie Bachwasser durch die Finger
rinnen,
Und hinter dir gingen die Sterne zuhauf, wie dein
Gesinde,
Hoben deine Gedanken auf und bauten eines
Luftschlosses Zinnen,
Drinnen ich dich als Schlossherrin wiederfinde.

Die Schlafende unterm Nussbaum

Der grüne Nussbaum mit den grünen Nüssen
Steht ausgebreitet in dem Sommerraum,
Mit seinen Blätterschirmen rund geweitet,
Die lautlos deinen Schlaf behüten müssen.
Und nur der Wolfe dunstiger Schaum
Begleitet in die Ferne deinen Traum.
Still, wie gestorben, liegst du in dem Blätterhaus,
Und draußen trocknet Heu im Sonnenschein,
Es schläft das stille Heu sich mit dir aus;
Es dörren drinnen Blumen falb und klein,
Sie wurden all' von Hitze ganz von Sinnen
Und starben alle unterm Sichelblitze.
Sie ließen sich vom Tode minnen
Und fielen um auf ihrem grünen Sitze,
Schlössen, wie du, die helle Augenritze
Und liegen da mit stillen Rumpfen,
Wie du im Schlaf, im dumpfen,
Unter den Nussbaum deinen Leib gelegt,
Indes dein Traum allein dein Herz bewegt
Und mit der Wolke hinzieht an der Erde Saum. —
Tote und Schlafende, sie sind unendlich,
Sind kaum noch Schaum im Weltenraum,
Doch ist der Schlaf nur wie vom Tod der Flaum.

Schatten der Schmetterlinge

Schatten der Schmetterlinge spielen am Fenster vorbei.
Groß sind selbst die kleinsten Dinge,
Löst du sie vom Alltag frei.
Auch der Rost an der Messerklinge
Und der kleinen fliegenden Ameise Schwinge
Reden laut vom Weltenfleiße.
Tat bei Tat schafft Blatt bei Blatt.
Singt im Busch die kleinste Meise,
Kommt die Sehnsucht ins Geleise,
Sehnsucht, die ein gläsern Auge
Und ein hinkend Holzbein hat.

Stetig rücken alle Sterne

Sterne, die im Baum zur Nacht erschienen,
Rücken sich für Augenblicke aus der Ferne,
Wie die Blicke, die aus deinen Mienen
Mir aus deinem Blut entgegenblitzen,
Die, wie reifer Äpfel schwarze Kerne,
Mir im tiefen süßen Fleische sitzen.

Stetig rücken alle Sterne fort, die runden.
Wo sie eben an des Blattes Rand, wie Feuerlunten
Hoch im Baum noch hell im Blicke schweben,
Seh' ich mich von Dunkelheit umgeben;
Schließ ich nur die Augen für Sekunden,
Ist der Stern schon in dem Baum verschwunden.
Nie kann Lust allein dem Aug' ankleben.
Habe mich oft einsamer gefunden
Als ein Mönch in seiner Klosterkammer.
Ach, es kleiden sich genau die Stunden
Blau in Lust und grau in Jammer.

Herdrune

Du kniest am Herd, die Flamme schießt,
Du bist nicht Fleisch, du bist nicht Erd'.
Die Flamme bäumt sich wie dein Pferd.
Bist nicht bloß Licht, bist nicht bloß Schein,
Du bist die Lust, die Lust begehrt.

Wer hockt am Herd? Die Flamme stockt.
Warst Wunsch von Wünschen angelockt.
Ihr sitzt im Kreis und habt nicht Sinn.
Die Flamme fuhr, wer weiß, wohin?

Geist der Zauberei

Sage mir, wie du auch heißt, täglich Wunder,
Ob nicht Geist der Zauberei jeden Ackerweg umkreist.
Im geperlten grünen Hafer sitzt der Mond rot und dreist,
Brennt am hellen Tag, wie entflammter Zunder;
Mohn, der wütend seine Träume schenkt
Und die Mauern einstürzt aller Räume,
Dass der Weg im Schlaf sich kürzt und dein Blut sich lenkt,
Dem ins Blut, der hochrot an dich denkt.

Klee und Wolfsmilch blüh'n sich tot,
Gift und Honig steh'n im Felde, Luft und Weh,
Überall dir Tod und Leben, Mark und Galle droht.
Ach, der Wind geschwind sich weitersehnt,
Hinterm Wald neue Wälder sich verheißt,
Wolken wie die Federn leicht zerschleißt,
Dass sich keine Wolke an dem großen Blau anlehnt.
Wolken zieh'n hinaus, Wallfahrer im richtungslosen Raum,

Wallende hinter jedem Traum, ohne Fuß und Haus,
Aber werfen Feuer plötzlich aus zum Gruß,
Sind nicht Schaum, fluchen donnernd mit Genuss,
Wenn sie leidenschaftlich ihre Liebeswege suchen,
Blitz um Blitz den Wolken leuchten muss.
Ruh' und Licht und Finsternis haben keinen festen Sitz.
Hat der Tag sich wetterleuchtend umgebracht,
Hockt noch in der Nacht, der schwülen,
Dunkler Wünsche unsichtbare Fracht.

Wünsche müssen sich durch Fernen wühlen
Zu den Sternen, die auf ewigen Stühlen rasten
Und mit ihrem alten Strahl Schlaflosem nachfühlen,
Als ob blinde Könige zitternd von den Thronen tasten
Mit den Zeptern, den metallnen, kühlen.
Und sie teilen aus die Zeit und Zonen,
Lohnen deine Arbeit mit Vergänglichkeit.
Sie durchstoßen deinen Himmel, drin sie wohnen,
Wenn sie oft auf feuerigen Rossen
Ungebändigt durch den Nachtraum schossen.
Haben unverhofft auch Erfüllung eingehändigt
Wünschen unterm nächsten Buchenbaum,
Wünschen, die sich wie die Knaben dann verfluchen.
Brauchst den Zauber kaum so weit zu suchen,
Nicht im Goldpapierschaum heller Sternennächte,
Nur so kurz du deinen Atem hauchst
Und dein Augenlicht im Grase untertauchst.
Sieh, ein Glühwurm mit dem Lichtgesicht
Schwärmt dort ohn' Gewicht an der dunkeln Straße.
Mancher Wunsch darf nachts nur funkeln,
Naht sich abgehärmt, naht sich dicht,
Wie ein letzter Tropfen aus dem leeren Fasse.
Achte auf die große Weltgebärde.
Schau! es reihen sich, wie Jahresringe,
Stolz die Ketten vieler Wunderdinge,
Erde wird zu Holz und Holz zu Erde.
Neue Bäume rauschen an der Straße
Mit der Blätterlungen scheuer Masse.
Weißt du je, wohin dein Blut gesprungen?
Konnte je ein Mensch sein Herz belauschen,
Drin die Liebe wandert mit dem Hasse?
Wünsche tönen prächtig, die sich bauschen,
Stunden übernächtig, die dich höhnen,
Ohnmächtig musst du der Ohnmacht frönen.

Wie die Uhrenzeiger in den Uhrgehäusen,
Drehen sich die Jahre auf den Fluren,
Und wie Igel hinter grauen Mäusen
lagen unterm starren Stachelhaare
Deine Sorgen nach der Sorgen Spuren.
Wie die Seidenspinner spinnen sie ihr Haus,
Aber können nicht dem Lichte mehr entrinnen,
Stürzen nachts noch auf die Lampen ohn' Besinnen,
Und die Flamme muss die Flügel kürzen.
Glaubten, große Feuer zu gewinnen,
Doch das Licht wird oft zum Ungeheuer.
Wärme lässt sich gern umminnen,
Aber Licht entfesselt der Gedanken Schwärme,
Und Gedanken stoßen Dolche in die Därme.
Solche, die in bloßen Taschen Junge tragen,
Sind die Sorgen, die am Weg sich jagen.
Nimmersatt haschen sich die Freuden und die ungedulden Sorgen.
Wünsche machen Schulden aus dem Überfluss,
Jeder Wunsch muss von der Zukunft borgen.

Jahre und Jahrtausend brachen sich die Rippen,
Und die Zunft und Sippen sprachen weise Worte,
Mancher biss die Zähne in die blutigen Lippen.
Jeden Morgen schüttelt eine volle Sonne ihre Mähne,
Jeden Abend aber sinkt die tolle hin, wie aller Ohnmacht Träne,
Und der rote Erdspalt trinkt das Tote.

Brünstig ballt sich unterm Mondschein der Holunder,
Sein und mein Blut einen Zauberer speist. —
Sage mir, Gewalt, wie du auch heißest, täglich Wunder,
Ob nicht Geist der Zauberei jeden Ackerweg umkreist.

Daheim

Der großen Meere Meilenmasse
Rief mich zu Wundern und Genuss. —
Jetzt kehrt ich heim, sitz im Gelasse
Und horch vom Fenster hin zum Fluss.

Sah Erdenvolk und Götterberge,
Folgte der Sehnsucht Geisterfuß. —
Der Heimathügel schlichte Zwerge
Belächeln mich heut überm Fluss.

Des nächtens locken da noch Straßen,
Drauf ziehen Mond und Sirius. —
Rann jetzt die Welten wandern lassen
Und schau vom Fenster zu am Fluss.

Weiß jetzt, am Erdsaum wachsen Wüsten.
Stumm wird, wer fremden Wünschen muss. —
Heimat, von deinen heiligen Brüsten
Eil nur mein Lied fort übern Fluss.

Wenn wir lieben

Wenn wir lieben, sind wir zeitlos,
Liegen bei den tiefsten Feuern,
Sehen dann von Ferne bloß,
Dass die Lebensstunden sich erneuern.

Werden wie die Gottheit groß,
Fühlend in die Höhen, Tiefen, Breiten,
Wissend alles, was vorüberfloss
An den Quellen der Unendlichkeiten.

Wissend, liebend jed' Geschehen,
Mitgenießend alles, was die Welt genoss,
Sehend, ohne mit dem Aug' zu sehen,
Untergehend und bestehend Schoß im Schoß.

Die Liebe

Ach, gibt es ein göttlicher Weh als die Liebe,
Gibt es ein köstlicher Glück als ihr Leid,
Streift sie auch nur mit dem Finger dein Kleid
Mitten im sinnlosen Straßengetriebe!

Liebe fühlt fein, wie ein Nackter im Grase,
Liebe im Aug' sieht den Winter noch grün,
Macht auch den Waffenlosen todkühn
Und trutzig dein Herz zum Prellstein der Straße.

Mehr als die Weisen kann Liebe begreifen,
Liebe gibt tausend Glühlampen dem Geist,
Liebe hat alle Sternbahnen bereist,
Liebe ist rund um das Weltall ein Reifen.

Mit dem Liebe gerungen, der nur ist Ringer;
Wer um Liebe gelitten, der nur hat Ruhm;
Wer die Liebe verschwiegen, der nur war stumm;
Wer aus Liebe gesungen, der nur war Singer.

Das Leben

Von den Alten zu den Jungen
Muss das Leben wandern.
Was du gestern noch bezwungen,
bezwingen morgen schon die andern.
Das Lied, das du gestern gepfiffen im Weitertraben,
Will schon morgen der andern Lippen haben.
Und dir entschwundene Augenblicke kannst du sehen,
Wie sie im Blut der Jungen auferstehen.
Darüber, seit ich's erfahre, muss ich die Hände falten,
Muss leiden, dass ich mich wandle, und lass es walten.
Das Leben — ach, einst da kam es umhalsend gesprungen,
Jetzt grüßt es noch im Vorüberschweben und geht zu den Jungen.

Vergänglichkeit

Nun spinnen sich die Tage ein,
Nicht einer will mehr freundlich sein,
Sie müssen sich alle besinnen
Auf eine Hand voll Sonnenschein
Und gehen dürftig von hinnen,
Wie Wasser im Sande verrinnen.

Die Menschen wandern hinterdrein,
Still einzeln oder still zu zwein
Und sehen die Blätter verfliegen
In alle vier Wände hinein.
Sie möchten im Sonnenschein liegen
Und müssen sich fröstelnd schmiegen.

So war es tausend Jahr und mehr,
Mit Blindheit kommt der Herbst daher.
Gern will ihn keiner sehen,
Er macht ja alle Wege leer.
Er muss zur Seite gehen
Und muss um Mitleid flehen.

Und so geht's tausend Jahre fort.
Vergänglichkeit, du müdes Wort,
Du lösest ab die Tage;
Du duldest weder Zeit noch Ort,
Machst Wirklichkeit zur Sage,
Den Liebesrausch zur Klage.

Weltspuk

Wir erstiegen, im Abenddunkel, Steinwege nach Westen,
Sahen den Himmel wie einen Spiegelsaal liegen,
Und die Sterne erschienen im grünlichen Quecksilbergefunkel,
Wie ein Gewimmel metallischer Fliegen

Eine schwarze Wolke, wie Tinte ausgegossen,
Stand vor dem Glanz wie ein Fisch mit düstern Flossen;
Und der Milchstraße glitzernder Drachenschwanz
Schleifte nach sich eine verwilderte Lichtermasse,
Dass unser Verstand fortschweifte und sich die Worte verwischten
Und klangen, wie ein dünner Hammer auf hohlem Fasse

Wir gingen über die Hügel unter den Ländern der Abendwolke,
Gleichwie in kümmerlichen Gewändern und gleich blinden Verirrten,
Verbrüdert mit dem Erdreich und dem Fledermausvolke,
Dessen Flügel uns zur Seite schwirrten.
Der Steinweg kletterte in die dunkle Feldseite,
In das Maul des Himmels, das weit aufgerissen,
Als lägen Titanen dort ohne Gewissen
Mit den alten Manen der Götter im Streite.
Ein mächtiger Stern, hell geschleudert von unsichtbaren Gestalten,
Fiel voll Hitze grell und musste dunkel erkalten.
Wir standen in seinem Lichtblitze auf der Erde Kruste
Und versanken, wie der Stern, ins Unbewusste.

Wir bestaunten das Leben wie eine große
Kinderpuppe
Und erwarteten einen Schrei der Sternengruppe,
Aus deren Mitte sich einer zu Tode fiel.
Doch lautlos und einerlei
Trieb die Nacht ihr verwegen Spiel,
Verbrannte Welten wie eines armen Menschen Hirn
und Haus
Und rannte alte Sterne um und teilte neue Sterne aus.

www.ingramcontent.com/pod-product-compliance
Lightning Source LLC
Chambersburg PA
CBHW031634160426
43196CB00006B/410